KB057757

평화학과 평화운동

02

서울대학교
통일평화연구원
평화교실

평화학과 평화운동

Peace Studies & Peace Movement

서보혁 정욱식 지음

도서출판 모시는사람들

간행사 ——

평화 담론의 대중적 확산을 기대하며

서울대학교 통일평화연구원에서는 한국연구재단 HK(인문한국) 사업의 일환으로 한반도발 평화인문학을 정립하는 연구를 하고 있습니다. 인류의 희망이라 해도 과언이 아닐 평화에 대해 다양한 분야의 연구자들이 함께 학제적이고 융합적으로 연구함으로써, 평화를 새로운 문명의 중심축으로 삼는 작업입니다.

특히 남・북간에 서로를 겁박하고 전쟁 위협에 시달리면서도 통일과 평화를 지향하는 모순이 공존하는 한반도는 세계가 공감할 만한 평화론을 다질 수 있는 최적의 실험실입니다. 한반도는 동양의 깊은 정신문화와 서양의 기술문명 및 근대적 세계관이 만나고 있는 공간이라는 점에서 더욱 그렇습니다. 이러한 한반도적 상황에서 세상이 왜 폭력으로 점철되고 있는지 그 조건과 원인을 분석하고, 갈등을 줄여 평화로 나아가는 길에 대해 상상하며, 평화를 문화적 차원으로까지 심화시키는 작업은 너무나 절실하고 의미있는 과제가 아닐 수 없습니다.

이러한 문제의식을 가지고 다양한 차원에서 더 많은 이가 공감할 수 있을 따뜻한 메시지를 담은 연작 책 〈평화교실〉을 순차적으로 출판하고자 합니다. 왜 폭력적인 상황이 지속되는지, 평화란 무엇이고, 평화 연구와 실천은 어떻게 해야 하는지, 학문적 깊이와 대중적 공감을 조화시켜서, 더 많은 이들과 평화 생각과 평화 감성을 나누고자 합니다. 평화에 대해 상상하는 이들이 많아질수록 평화는 좀 더 구체적인 모습을 드러낼 수 있기 때문입니다.

평화로운 문명을 건설하려는 시도보다 더 절실하고 심원하며 장기적인 과제가 또 있을까요. 〈평화교실〉이 평화에 인간의 얼굴을 입히고, 우리 사회를 평화로운 삶으로까지 이어 주는 작은 징검다리가 되었으면 좋겠습니다. "평화를 원한다면 평화를 준비하라."(Si vis pacem, para pacem)는 평화학의 슬로건을 되새겨야 할 때입니다.

서울대학교 통일평화연구원장 박명규

서문 ——

한국은 평화학과 평화운동의 불모지인가?

1989년, 한국에서 민주화가 달성된 지 2년 후, 베를린 장벽이 무너졌다. 이듬해 독일은 통일되었고, 그 이듬해인 1991년 소련은 해체되었다. 그 즈음 한반도에서도 남북한은 활발한 당국 간 회담과 민간교류를 바탕으로 '남북 사이의 화해와 불가침 및 교류 · 협력에 관한 기본합의서'와 '한반도의 비핵화에 관한 공동선언'을 채택해 평화의 기운이 일어났다. 냉전이 평화에 자리를 내주는 듯했다.

그러나 1990~1991년 걸프전이 일어났고, 한국은 '사막의 폭풍' 작전에 나선 미군을 지원하기 위해 걸프 지역에 군대를 보냈다. 냉전 해체 이후 세계는 평화를 영위하지 못한 채 원인과 양상을 달리한 새로운 유형의 전쟁에 직면했다. 냉전이라는 판도라 상자가 깨지자, 이념 대신 종교, 종족, 자원 등의 이유로 세계 곳곳에서 전쟁이 일어났다. 특히 연방국가 해체 과정에서 발생한 구유고슬라비아 내전과, 종족의 생활권과 국가의 통치권이 불일치한 르완다에서 발생한 대규모 내전으로 '인종청소'란 말이 유행했고, 인류는 인간의 잔학성에 새삼 놀랐다. 한반도에서도 북한의 핵개발 의혹과 북한과 미국 간의 대결로 전쟁 위기가 조성되었다.

그로부터 20여 년이 지난 2015년은 탈냉전 이후 평화가 가장 위협받은 해로 기록될 것이다. 한국에서 설립된 세계 평화포럼은 매년 세계평화지수(WPI, World Peace Index)를 발표하고 있는데, 2015년 세계평화지수는 최악의 지수를 기록했다고 발표했다. 유럽의 경제 위기, 중동과 북아프리카에서 지속되는 내전과 대규모 난민 사태, 우크라이나 · 크림 반도에서의 위기, 동아시아에서의 군비경쟁과 긴장 고조, 그리고 미국, 중국, 러시아 등 강대국 간 갈등과 대결이 억제되지 않고 있다.

2015년 한국은 어떠했는가? 메르스(중동호흡기증후군) 사태에서 나타난 취약한 건강 안보와 국가의 취약한 대응 능력, 역사교과서 국정화 파동, 불투명한 세월호 침몰 진상 규명, 남북 간 휴전선 총격, 국가권력에 의한 각종 인권 침해, 정부와 국회, 여당과 야당의 불통, 비정규직 노동자들에 대한 차별과 무대책, N포세대 · 흙수저 등 청년세대의 불안, 성완종 리스트(대선불법자금 수수자 명단) 파동 등 평화는 우리 곁에서 증발한 지 오래인 듯하다.

2016년 들어서도 이런 안팎의 비평화는 잦아들지 않고 있다.

사회적 갈등을 정치권이 조정하고 해결하기는커녕 갈등은 선거를 계기로 증폭되고 있는 것처럼 보이고, 한반도 위기는 동아시아 위기로 확대될 조짐마저 보인다.

한국사회의 비평화! 이와 같은 모습이 비단 국가권력과 정치권의 문제만은 아닐 것이다. 우리 자신 안에서도 평화가 실종되어 가는지 모른다. 불공정한 현실, 불안한 미래, 평화 · 민주 · 인권 문화 속에서 자라나지 못한 오늘, 그리고 분단정전체제 속에서 의심하고 미워하고 배척하고 이겨야 안전해 보이는 군사주의 문화에 길들여진 나 자신과 우리 사회. 우리 주변에 보이는 평화는 폭력의 위장이거나 폭력과 쉽게 바꿔치기 하기에 쉬워 보인다. 나아가 인간이 평화를 위협하는 오랜 관행은 우리 자신들은 물론 자연까지 위협하기에 이르렀고, 그 결과가 다시 우리의 잠재적 평화마저 파괴하고 미래 인류의 생존마저 위협하는 부메랑으로 되돌아오고 있다.

이렇게 평화가 간절한데 한국사회에서 평화를 만들어 가는 노력을 정치사회는 무시하거나 심지어는 안보를 좀먹는 처사로 간주하곤 한다. 평화만들기는 학계와 시민사회에서도 널리 찾아보기 어렵다. 평화를 일구어 가는 평화학과 평화운동은 우리에게 낯설거나 변방의 언저리에 서성거리는 이방인처럼 보인다. 왜

그럴까.

평화가 배척당하고 폭력이 친근한 한반도에서 평화를 연구한다는 것, 평화운동을 한다는 것은 어떤 의미인가? 무한경쟁의 전형인 한국사회와 분단정전체제하의 한반도라는 데는 평화학과 평화운동을 하기에 너무 척박한 대지인가? 평화학과 평화운동은 무엇이고, 한국에서 이 둘은 어떤 얼굴을 하고 있는가? 이제 걸음마 단계를 떼기 시작한 한국의 평화학과 평화운동의 한 귀퉁이에 서 있는 두 필자들이 이러한 물음을 따라간다.

한국에서도 평화학이라는 학문이 있는가. 있다면 무엇을 하고 있고 어떤 과제를 안고 있는가. 또 한국에 평화운동이라는 것이 있을 텐데, 구체적으로 어떤 일을 하고 있고 어떤 고민이 있는가. 한국에서 평화학과 평화운동은 어떤 관계인가, 둘은 상호 보완하며 나아가고 있는가. 앞으로의 과제와 비전은 무엇인가. 이 책은 이런 질문에 대해 필자들이 생각해 온 바를 드러내고 여러 고민을 독자들과 나누고자 한다.

이에 I부에서는 평화학과 평화운동 일반에 대한 개론적인 설명을 하고자 한다. 아울러 이 둘의 관계를 짚어 볼 것이다. 이 장은 다음 장을 이해하고 성찰하는 틀이다. II부에서는 한국에서 진행되는 평화학과 평화운동을 소개하며 그 특징과 과제를 독자들과 나누고자 한다. 어디서나 그렇지만 한국에서도 평화학은 그 속성상 평화운동의 자극을 받으며 학문으로서의 체계를 발전시켜 가야 하고, 평화운동 역시 평화학의 도움을 받으며 발전의 동력을 만들어 갈 수 있다. 평화운동에 관여하는 평화학자와 평화학에 열려 있는 평화운동가의 만남이 필요한 이유다.

이 책은 서울대학교 통일평화연구원 HK평화인문학연구단이 평화학의 사회적 확산 활동의 일환으로 만들어졌다. 박명규 원장님의 격려와 성원에 감사드리고, 이 책을 〈평화교실〉 시리즈의 하나로 엮어 주신 도서출판 모시는사람들 박길수 대표에게도 감사드린다. 〈평화교실〉 시리즈를 기획해 주신 이찬수 교수께 특별히 감사드린다. 공동 집필에 흔쾌히 응해 준 정욱식 대표와의 작업은 물 흐르듯이 편했다. 참고로 이 책의 기획은 필자가 하고, 본문 중 I부 1장, 3장, II부의 1장과 에필로그는 필자가, I부 2장과 II부의 2~3장은 정욱식 대표가 각각 집필하였음을 밝혀 둔다.

이 책은 어떤 결론이나 특정한 주장을 하는 것이 목적은 아니지만, 평화학과 평화운동 일반, 특히 한국에서의 평화학과 평화운동에 관심을 갖고 비전을 그려 가려는 지성들에게 작은 사유의 창을 열어 놓는 데 의의를 두고자 한다.

2016년 4월 서보혁

차 례 평화학과 평화운동

II 한국의 평화학과 평화운동

I

평화학과 평화운동의 이해

Peace Studies & Peace Movement

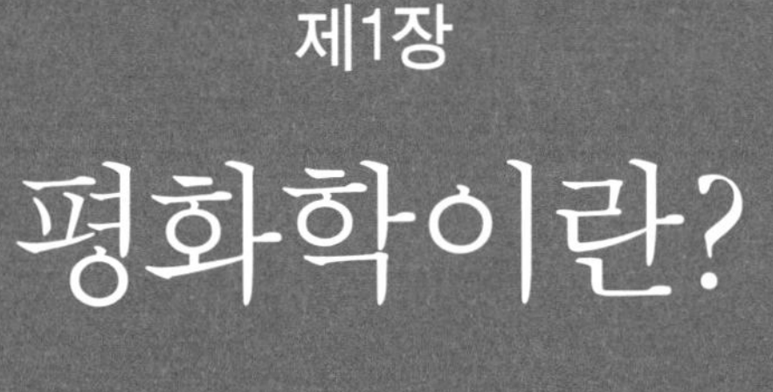

제1장

평화학이란?

1. 평화, 동질이형?

평화란 무엇인가? 나의 평화와 당신의 평화는 같은가, 다른가? 같다면 세계 평화는 왜 이루어지지 않는가? 평화의 본질이란 존재하지 않고 각기 다른 뜻을 지칭한다면 평화는 그저 빈 그릇에 불과한 것인가? 평화는 분명 동서고금을 초월하는 보편가치이지만 시대정신을 담고 있다. 여러 문화권과 종교에서 말하는 평화의 정의를 살펴보면서 위 질문의 답을 생각해 보자.

먼저 기독교의 샬롬(shalom)을 보자. 개신교, 가톨릭을 막론하고 기독교인들이 예배나 인사에서 '주님의 평화를 빕니다.'고 말할 때 그 평화가 샬롬이다. 히브리 성서에서 온 샬롬은 튼튼하다, 안전하다는 뜻이자 건강, 안녕, 부유함을 지칭한다. 희랍어(그리스어) 성서에서 평화를 뜻하는 말은 에이레네(eirene)인데, 이 단어는 전쟁의 중간에 자리 잡은 평화로운 때를 말한다. 경우에 따라서는 독점적인 무장력을 거느린 국가권력에 의한 합법적인 안전보장을 말하기도 한다. 샬롬에서는 사회적 측면이, 에이레

네에서는 정치적 측면이 부각되지만, 둘 다 평화가 어떤 구체적이고 외면적인 성질을 띠고 있음을 말해 준다. 많은 기독교인들이 평화를 내면적, 초월적으로 이해하는 것과 기독교의 원래 평화관은 차이가 있다.

평화가 여러 가지 뜻으로 쓰이는 경우는 오래전부터 여러 문화권에서 발견되었다. 불교에서 평화는 온갖 집착을 없앤 평온한 상태로 이해된다. 그렇지만 불교에서 평화는 크게 개인적 차원과 사회적 차원으로 구분해서 생각해 볼 수 있다. 원효대사가 말한 '일심'(一心)과 '화쟁'(和諍)이 그것이다. 힌두문화권에서 평화는 물질과 정신의 분리가 없는 내적 상태(shanti-)나 해롭게 하지 않는다(ahimsa-)는 의미를 띠면서 비폭력 평화운동의 기초를 제공해 주고 있다. 한자문화권에서 평화(平和) 혹은 화평(和平)은 내면적, 사회 · 경제적 측면을 부각시켜 준다. 특히 화(和)는 입안에 들어가는 음식으로 풀이되는데, 평화가 생존 조건의 평등, 나아가 경제적 평등을 담고 있음을 알 수 있다.

성서에서도 평화는 다의적으로 쓰인다. 신약성서에서 사용되는 '에이레네'는 종말론적 구원을 의미한다. "땅에서는 사람들 사이에 평화"(누가 2:14)가 지칭하는 예수의 탄생은 참된 평화를 의미하는데, 그것은 인간이 하느님과 세계와 자기 자신과의 관계를 온전하게 회복함을 말한다. 이와 달리 "나는 평화를 주려고 오지 않았다."(마태 10:34, 누가 12:51)는 예수의 말은 칼 혹은 분열로 이해되고 있다. 예수의 이 말은 복음을 받아들이는 자와 거부하는 자로 분열시킬 것이라는 의미인데, 그때 평화는 그런 분열 이전의 거짓평화를 말한다. 이는 다종다양한 평화를 암시할 뿐만 아니라 평화에 대한 비판적 인식과 평화보다 더 높은 가치를 말해 준다. 그러나 "평화를 위하여 일하는 사람은 행복하다."(마태 5:9)에서 평화는 위와 정반대이다.

한편, 평화와 폭력이 이웃 사이라는 점도 여러 곳에서 발견된다. 살생을 금하는 불교에서도 평화는 전쟁과 공존할 수 있다. 원광법사나 원효대사 등 여러 고승들은 전쟁은 바람직한 것은 아니지만 침략전쟁에 대해서는 방어를 위해 불가피하게 가담할 수 있다고 보았다. 우리 역사에서 외침이 있을 때마다 승려들이 국난 극복에 무장으로 참여한 것은 종교적 근거를 갖고 있다. 임진왜란 때 승병의 활약은 잘 알려져 있다. 그 후 1711년(숙종 37년) 조선은 북한산성을 쌓으면서 13개의 승영사찰을 지어 승군을 주둔시키고 무기를 보관했다. 그래서 평화는 어떠한 경우에도 폭력을 반대하는 절대적 평화주의(pacifism)와 침략에 맞서 방어를 위한 최소한의 폭력은 인정하는 제한적인 의미의 평화주의

(pacificism)로 구분할 수 있다. 평화는 심지어 폭력을 말하거나 폭력과 거의 구분되지 않으면서 정의되는 경우도 있다. 폭력을 의미하는 히브리어 어근, 하마스(hamas)는 왕이 가난한 자를 보호해 주지 않고 스스로 폭력에 가담하는 경우를 말한다. 이때 평화는 폭력과 동전의 양면을 이룬다. 존 다우어(J. W. Dower)가 쓴 태평양 전쟁에 관한 비참한 기록, '*War Without Mercy: Race and Power in the Pacific War*'(1987)가 상세하게 묘사하고 있는 바와 같이, 일본의 동아시아 침략이 기승을 부릴 때 식민통치를 받던 대부분의 지역에서 부역세력들은 '대동아공영권'이 서양의 침략에 맞서 아시아의 평화를 위한 일이라고 강변했다. 거짓평화의 대표적인 예이다. 성서에서 "폭력으로 남의 것을 빼앗지 말라."(누가 3;14)고 할 때 폭력은 분명 평화 반대편에 서 있다. 그러나 예수가 부정하고 탐욕에 넘친 성전을 정화한 일종의 폭력사건(마가 11:15~19, 마태 21:12~13, 누가 19:45~48, 요한 2:13~17)은 당시 유대사회의 종교권력, 나아가 지배계급을 겨냥한 저항 행위였다. 20세기 국제정치학자였던 라이트(Q. Wright)는 "전쟁은 평화와 뚜렷하게 구분되지 않는다."고 말할 정도였으니 평화는 폭력의 이웃이라 말할 수도 있을 것이다.

이상 살펴본 평화에 대한 이해를 앞에서 던진 질문과 연관 지어 보면 어떤 답을 할 수 있을까? 평화는 분명 폭력이 없고 모든 것이 충분히 만족스러워 평온한 상태라 할 수 있지만, 그 형태와 차원을 단순하게 말하기는 어렵다. 물질적·정신적 형태와 개인적·집단적 차원이 있다. 심지어 평화는 경우에 따라 폭력과 인접하거나 폭력의 위장일 수도 있다. 평화를 폭넓게 이해할 지성과 거짓평화를 가려낼 지혜가 필요하다.

2. 평화시장과 평화 시장

1970년 11월 13일 오후 2시경, 서울 동대문구 평화시장에서 미싱재단사 전태일은 "근로기준법을 준수하라!" "노동자들을 혹사하지 말라!"며 제 몸을 불살랐다. 평화시장은 구로공단과 함께 저임금에 기초한 한국의 급속한 산업화를 상징하는 노동현장이다. 전태일은 그곳에 찾아온 예수였는지도 모른다. 그는 박정희 대통령에게 보낸 편지에서 하루 14~16시간의 작업시간을 10~12시간으로 단축하고, 1개월에 이틀은 휴일로 쉬도록 해주고, 건강진단을 받도록 해주고, 15세 안팎 '시다공'들의 수당을 인상해 달라고 요청했다. 오늘날에는 당연한 권리로 생각할 수 있는 주장이 당시에는 노동자들을 옥죄던 사슬이었다. 그가 요구한 것이 평화와 무슨 상관이 있는가? 또 그의 분신이 그의 요구를 정당화할 수 있다고 생각하는가? 여기에 답하기 위해서는 평화들이 진열돼 있는 평화 시장을 살펴볼 필요가 있다.

우리가 흔히 평화라 말할 때 그 뜻은 전쟁을 비롯한 폭력이 없이 조용한 상태, 곧 '소극적 평화' 혹은 '물리적 평화'를 지칭하는 경우가 많다. 대부분 소극적 평화는 힘으로 질서가 만들어져 거기에 순응하고 침묵하는 경우다. 그러나 소극적 평화는 깨지기 쉽고 전쟁 직전의 일시적이고 과도적인 상태다. 한반도는 1950~1953년 대규모 전쟁 이후 형성 · 지속되고 있는 분단정전체제하에서 오랫동안 전쟁이 일어나지 않아 '소극적 평화'라 할 수 있다. 그러나 휴전선과 서해 북방한계선(NLL) 일대에서 일어나는 심심찮은 무력충돌은 소극적 평화의 근본적 한계를 잘 보여 주고 있다. 그 사이 남한은 미국의 핵우산에 놓여 있고 북한이 핵무장을 함으로써 분단정전체제는 재래식 전쟁은 물론 핵전쟁의 위험까지 안고 있다. 그래서 소극적 평화 너머에 더 높은 수준의 평화를 상상하지 않을 수 없다.

'구조적 평화'는 전쟁이 일어나는 원인-정치적 억압, 경제적 불평등, 사회적 차별, 문화적 배제 등-을 폐지하고 적절한 제도와 기구로 사회 전체 구성원들의 필요(needs)가 충족돼 조화롭게 살아가는 상태를 말한다. 또 '문화적 평화'는 구조적 평화를 자연스럽고 지속가능하게 하는 태도와 관행이 내면화된 상태를 말한다. 다시 말해 소극적 평화는 구조적 평화와 문화적 평화 없이는 그 한계가 명백하고, 폭력의 위협으로 인해 쉽게 무너질 수

평화시장에 세워진 전태일 상

있다. 구조적 평화와 문화적 평화를 묶어 '적극적 평화'(positive peace)라 일컫는다.

이 세 종류의 평화는 대표적인 평화학자인 갈퉁(J. Galtung)이 제시한 용어로서 소극적 폭력, 구조적 폭력, 문화적 폭력과 서로 쌍을 이루며 그의 평화론의 골격을 구성하고 있다.

'민주적 평화'는, 민주주의를 신봉하는 사람 혹은 민주주의 국가는 시민의 복리에 관심이 많아 전쟁을 멀리하고 분쟁의 평화적 해결을 선호하며, 그런 민주주의 국가들 사이에는 평화를 정착시키기 쉽다는 이론에 기반한다. 민주평화론의 사상적 기반은 칸트(I. Kant)가, 정치적 비전은 윌슨(W. Wilson)이 제시하였다. 민주적 평화는 민주주의 국가와 비민주주의 국가 사이에는 불가능하며, 평화론은 그런 두 종류의 국가들 사이의 전쟁을 합리화하는 데 이용되기도 한다.

'자유주의적 평화'도 민주적 평화와 유사한 용어인데, 민주주의, 무역, 인적 교류, 국제기구들은 전쟁을 막고 평화를 가져오는데 기여한다는 시각이다. 그러나 이스라엘과 팔레스타인, 남북한, 과거 북아일랜드 등에서 보듯이 분쟁을 치른 이후에도 당사자들이 해결되지 못한 정치·군사적 문제를 외면한 채 자유주의적 평화 혹은 민주적 평화가 제시하는 방법으로 평화를 정착시킬 수 있는지는 의문이 많다.

이와 달리 '사회주의적 평화'는 자유주의적 평화, 민주적 평화를 부르주아의 계급지배, 제국주의 국가의 세계지배를 정당화하는 기만적인 주장이라고 비판한다. 대신 제국주의 국가의 식민통치 아래 있는 민족의 민중들에게 민족자결의식을 불어넣고, 제국주의 국가의 노동자들에게 계급의식을 불어넣어 사회주의 혁명을 고취시킨다. 사회주의적 평화는 전 세계 노동자들의 해방이 달성될 때까지 계급투쟁이 불가피하다고 보기 때문에 그때까지 평화는 진정한 평화가 아니라고 보는 대신, 노동해방, 민족해방을 위해 필요하면 폭력도 불사할 수 있다고 주장하는 자기모순에 빠진다.

한편 '안정적 평화'(stable peace)가 가능하려면 관련국들이 상대국에 대한 의심을 풀고 군사적 문제를 해결하고 분쟁의 평화적 해결을 정착시켜야 한다. 안정적 평화를 추구하는 사람들은 물질적 측면을 무시하는 것은 아니지만 신뢰와 예측가능성에 주목한다. 이와 유사한 용어가 '지속가능한 평화'(sustainable peace)이다. 이 용어는 정치군사적 차원에서는 안정적 평화의 개념을 수용하지만 동시에 사회·경제적 측면에서 인간발전(human development)과 생태친화적인 발전, 곧 지속가능한 발전

(sustainable development)을 강조한다. 지속가능한 평화는 평화의 범위를 인간과 인간의 관계에서 인간과 자연의 관계로 확장시키는 특징이 있다. 그럴 때 평화는 우애와 협력, 정의, 희망의 파수꾼이 되고 연결자가 될 수 있다고 본다.

이 두 가지 평화와 유사한 용어로 '정의로운 평화'(just peace)를 들 수 있는데, 이 단어는 폭력에 시달리고 억눌리고 차별받고 소외받는 사람들이 해방되고 인간으로서의 존엄이 바로 서야 한다고 주장한다. 정의로운 평화는 성서 등 여러 경전에 명시되어 있는데, 인권, 사회정의 없는 평화는 거짓평화로 본다. 국제정치학자 케글리(C. Kegley)와 레이몬드(G. Raymond)는 국제정치학이 수세기 동안 전쟁을 깊이 연구해 온 반면, 정의로운 평화에 무관심했다고 고백한 적이 있다. 2013년 10월 30일~11월 8일 부산에서 열린 세계교회협의회(WCC) 제10차 총회에서는 '정의로운 평화로 가는 길에 관한 선언'(Statement on the Way of Just Peace)이 채택되었는데, 선언문에서 정의로운 평화는 공포로부터 자유로운 공동체의 평화, 생명이 지속가능한 지구와의 평화, 존엄 있는 삶이 이루어지는 시장에서의 평화, 모든 생명이 보호받는 민족 간의 평화로 이루어져 있다.

'시민의 평화'(civil peace)는 위에서 본 내용에 따른 정의와 달리 평화의 주체, 곧 누가 평화를 향유하느냐의 문제에 주목하는 용어다. 헤그레(H. Hegre) 등은 “전체주의 국가에서 평화가 있다면 그것은 동물원의 평화에 불과하지만, 민주적 시민의 평화는 보다 정의롭고 지속적이다.”고 말했다. 시민의 평화는 자유주의적 평화, 민주적 평화와 가까운 사이다. 오늘날 대부분의 민주국가에서 시민은 국적을 보유하고 권리(와 의무)의 주체이다. 그러나 명목상 시민이지만 실제로는 시민의 지위를 누리지 못하거나 심지어는 시민으로 취급받지 못하고 차별받는 사람들에게 ‘시민의 평화’는 남의 이야기처럼 들릴 것이다. 주체를 기준으로 평화를 분류한다면 민중의 평화, 이방인의 평화는 어떨까.

‘초합리적 평화’(trans-rational)는 인간 내면의 정신세계에서 들려오는 평온함과 해방감을 지칭하는 경우가 많다. 디트리히(W. Dietrich)는 초합리적 평화는 합리성과 정열이 상호연관을 맺는 데서 존재하고, 인간이 합리적, 영성적, 초월적 측면에서 동시에 다뤄질 때 이해될 수 있다고 말했다. 갇힌 자가 자유함을 노래할 때, 빼앗긴 자가 얻음을 감사할 때 거기에 초합리적 평화가 있을 것이다. 이렇게 볼 때 초합리적 평화가 내면의 평화나 개인의 평화로 한정된다고 말할 필요는 없다. 불교에서 해탈이나 열반이, 기독교에서 무조건적인 사랑이 초합리적 평화의 전형이다. 그때

해탈과 무조건적인 사랑은 개인적이거나 내면적 차원으로 한정되지 않는다. 어떤 사람들은 부처와 예수를 자기 내면의 평온을 위한 교사로 삼고 싶어 하지만 그들의 삶은 이웃과 세계와 연결되어 있다.

이상과 같은 다채로운 평화 이해에 비춰 본다면 전태일이 죽음으로 요구한 것이 평화와 깊은 관련이 있음을 알 수 있다. 평화는 개인은 물론 사회적 차원이고, 정신적 측면은 물론 물질적 측면이 있다. 전태일의 목소리는 구조적 평화, 정의로운 평화, 지속가능한 평화, 시민의 평화를 그 시대의 맥락에서 평화가 절실한 사람들의 몸짓으로 말한 것이다. 그가 죽음으로 부르짖은 것은 개인의 억울함이 아니라 노동하는 모든 사람들의 최소한의 인권이었다. 그는 권력이 강제한 거짓평화를 폭로하였고 평화가 어디서, 누구를 향하는 것인지를 세상에 물었다. 그가 일한 평화 시장은 오늘 평화 시장에 여전히 살아 있다.

3. 평화학의 정의

'평화학'(Peace Studies)은 평화를 달성하는 문제를 전문적으로 다루는 학문이다. 그렇다면 '평화학'이라고 이름 붙이지는 않았더라도 평화를 다루는 학문이 그 이전에는 없었는가? 아니다. 사실 사회과학으로 분류되는 많은 학문들이 평화를 논했고, 인문학 역시 평화를 상상해 왔다. 그중 외교안보 문제를 다루는 국제정치학은 평화를 전문적으로 다뤄온 분과학문이다. 그렇다면 평화학은 국제정치학과 무엇이 달라서 평화학이란 이름을 붙였는가?

평화학에 대한 정의는 학자들마다 천차만별이다. 그렇지만 평화학이 폭력의 발생 및 재생산을 규명하고 갈등의 평화적 전환을 추구하는 학문이라는 데에는 이견이 없다. 그래서 평화학을 '평화갈등연구'(Peace and Conflict Studies)라고 부르기도 한다. 이런 정의는 평화학이 폭력을 포함해 비평화적인 현실의 복잡성을 분석하는 바탕 위에서 평화 달성 방법을 다룬다는 점을 말해 준다. 그럼에도 불구하고 평화학은 전쟁연구, 전략연구, 안보연구를 포함한 기성 국제정치학과 명백히 다른 패러다임(paradigm)을 갖고 있다. 국제정치학은 주로 독점적인 폭력기관으로서의 국가에 의한 질서 형성 및 유지, 국가 간 세력 관계에 주목하며 평화를 논해 왔다. 그에 비해 평화학은 분과학문의 경계를 갖지 않고 다양한 행위자들의 관여에 개방적인 태도를 취하며 '평화적 수단에 의한 평화'를 궁구(窮究)한다. 물론 국제정치학, 가령 안보연구에서도 협력안보, 공동안보 등과 같이 평화학의 문제의식을 반영하는 연구가 일어나고 있다. 그렇지만 이들 연구는 전통 국제정치학에서 벗어나지 않으면서 평화학의 문제의식을 일부 수용하려고 한다.

많은 사상가, 정치가, 외교관, 문학자, 사회운동가들이 평화를 갈구하고 그 방안을 구상해 왔다. 그렇지만 체계적인 학문으로서 평화학이 자리 잡는 데는 갈퉁과 젱하스(D. Jenghaas)의 공이 크다. 갈퉁과 젱하스의 평화론은 냉전시대 세계적 차원의 군비경쟁과 빈부격차(소위 '남북문제'), 제3세계에서의 내전, 환경오염, 군사주의 등과 같은 문제들에 관심을 갖고 그것을 평화학의 자양분으로 삼았다.

갈퉁은 전쟁 부재로서의 (소극적) 평화, 그것을 뒷받침하는 군사력에 의한 안전보장은 평화논의를 제한한다고 보았다. 갈퉁의 두 개의 평화론은 다음과 같이 이루어져 있다. 첫째, 소극적 평화는 직접적 폭력의 부재를 말하는데, 이는 세력균형, 평화조성 활동으로 만들어 낼 수 있다. 둘째, 적극적 평화는 소극적 평화에 기초하되 구조적 폭력과 문화적 폭력의 부재를 말하는데, 정치적 억압, 경제적 착취, 사회적 차별 등이 없는 사회에서 가능하다. 그는 평화를 "모든 종류의 폭력이 없거나 폭력이 감소하는 것", "갈등을 비폭력적이고 창조적인 방식으로 변형하는 것"으로 정의한다. 갈퉁의 평화론을 수용한 바라시와 베벨(D. Barash & C. Webel)은 경제적 착취와 정치적 억압과 같은 사회 불의는 구조적 폭력은 물론 직접적 폭력, 곧 전쟁을 유발하는 요인이라고 말했다. 적극적 평화는 사회 전반에 억압과 착취가 일어나는데도 직접적 폭력이 일어나지 않는다고 해서 그것을 평화라 말할 수 없다는 시각이다. 이런 문제의식은 다스굽타(S. Dasgupta)의 '비평화' 개념과 상통한다.

평화학자 다스굽타는 1967년 국제평화학회(IPRA)에서 〈비평화와 나쁜 발전〉(Peacelessness and Maldevelopment)이라는 논문을 발표했다. 그는 제3세계 국가들의 저발전, 사회 갈등에 주목하며 전쟁이 없는데도 평화가 존재하지 않는 점에 착안하여 그것을 비평화(peacelessness)라 보았다. 다스굽타는 빈곤, 기아, 영양실조, 질병, 오염 등과 같은 비평화 요소들을 제거하고 충분한 의식주, 의료, 위생적 생활환경을 창출하는 것이야말로 평화실현의 길이자 제3세계와 발전도상국에서 평화학의 과제라고 주장했다. 다스굽타는 비평화 개념을 통해 폭력과 평화의 안목을 확장시킨 동시에 그런 문제를 한 사회를 넘어 세계 문제로 파악했다. 가령, 아프리카는 제2차 세계대전 이후 식민통치로부터 독립했지만 오늘날까지 분쟁과 기아로 고통을 받고 있는데, 그 이유를 아프리카 사람들의 교육 수준이나 관습으로 돌릴 수 있을까? 다스굽타의 논지를 적용하면 그 1차 원인은 제국주의 시대에서 시작해 오늘날까지 석유, 금 · 은 · 동이 있는 아프리카 각지를 무분별하게 수탈해 온 서구 개발자본의 횡포에 있다. 그 과정에서 제국주의 세력은 국경선을 원주민의 생활권과 무관하게 자의적으로 획정하고, 개발자본가들은 자원을 둘러싸고 지역 주민의 갈등을 조장해 지역사회를 붕괴시키고 결국 주민들은 가난과 무력갈등 상황에 빠진다. 유엔 식량권특별보고관을 지낸 지글러(J. Ziegler) 교수가 쓴 책, 『왜 세계의 절반은 굶주리는가』가 스테디셀러가 된 이유는 제3세계의 이런 비평화 구조, 곧 구조적 폭력이 지속되고 있기 때문이다.

● 요한 갈퉁

다음으로 젱하스는 평화를 사회 문명화의 관점에서 정의한다. 그에게 평화는 정치적 협약을 통해서 공동체 내부 및 공동체들 간에 사람들의 공동생활을 '문명화'(civilization)하는 것을 말한다. 그렇기에 젱하스의 사유에서 문명화와 평화는 동일한 개념이다. 이런 젱하스의 평화론은 먼저 근대사회 내부에서 내적 평화가 달성되는 과정에 집중한다. 젱하스에게 평화는 다음 여섯 가지 요소들에 의해 만들어지는데, 첫째, 시민의 무장해제와 국가의 폭력독점, 둘째, 폭력의 공적 독점이 오용되는 것을 막는 법치, 셋째, 사회구성원들 사이의 상호의존과 갈등통제, 넷째, 정치적 결정 과정에의 민주적 참여, 다섯째, 모든 시민의 기본권 보호, 특히 사회적 인권까지 보장하는 사회정의, 여섯째, 타협과 관용에 기초한 건설적인 갈등해결이다. 젱하스는 이런 방법으로 사회적 차원의 문명화를 평화구축으로 보았지만 이를 확대해 세계적 차원의 평화도 구상하였다.

레이츨러(L. Reychler)가 제시한 지속가능한 평화(sustainable peace)도 갈퉁과 젱하스의 평화관과 유사하다. 그는 지속가능한 평화의 요소로 무장폭력이 중단되고, 다른 형태의 폭력(구조적, 심리적, 문화적 폭력)이 거의 사라지고, 갈등이 건설적인 방식으로 다뤄지고, 정부가 대외적으로 높은 합법성을 가진다는 점

● 디터 젱하스

을 제시하고 있다. 그리고 지속가능한 평화의 조건도 제시하고 있는데, 첫째, 효과적인 시스템, 커뮤니케이션, 협의, 협상, 둘째, 평화를 증진시키는 정치 경제, 안보 구조, 셋째, 평화리더십(leadership)과 비판적 대중, 넷째, 다자적 협력지원 시스템, 다섯째, 통합적 분위기 등이다.

갈퉁, 젱하스, 레이츨러의 평화관이 보여 주는 공통점은 첫째, 전쟁 부재의 제한적 평화관을 비판하고, 둘째, (일국적, 지역적, 세계적 차원의) 사회 전반에 걸쳐 사고하도록 평화의 지평을 확장시켰고, 셋째, 그 결과 평화가 안보는 물론 정의, 민주주의, 인권, 발전 등과 상호작용하며 만들어지는 역동적 개념이자 가치임을 보여 준 점 등을 꼽을 수 있다.

4. 평화학의 기본 용어들

평화(학)에 관한 개념들은 대단히 많다. 전쟁과 평화는 물론 인권, 발전, 법치, 복지, 생태 등을 포함해 논의할 경우 평화학의 경계는 말하기 어려울 수도 있다. 그럼에도 평화학을 공부할 때 접하는 기본적인 용어들의 일부를 소개한다. 이들 용어를 통해 평화학의 성격과 범주를 개략적으로나마 이해할 수 있을 것이다.

먼저, 3대 평화 증진 방안으로서 평화조성, 평화유지, 평화구축이다. 평화조성(peacemaking)은 전쟁을 치른 당사자들 스스로 혹은 제3자가 이들을 화해, 중재, 타협시켜 더 이상의 전쟁을 막는 노력을 말한다. 화해 노력은 양민학살이나 전쟁범죄 책임자들을 규명하고 책임을 묻는 사법적 조치를 포함한 '회복적 정의'를 포함할 수도 있고, 그를 통해 사회통합과 인권이 보장되는 새로운 사회를 추구하는 '전환적 정의'로 나아갈 수도 있다.

평화유지(peacekeeping) 활동은 말 그대로 전쟁이 일어나지 않는 상태를 지속시키면서 시민 보호, 법치 확립, 민주적 선거 지원, 국가권위 확립 등과 같은 정치적 과정을 촉진하는 조치를 포함한다. 평화유지 활동은 전쟁 재발 억제를 위한 군의 활동을 포함하지만 중요한 것은 이를 전제로 분쟁지역(혹은 국가)의 안정화를 통해 민주주의와 인권 신장의 기초를 닦는 일이다.

평화구축(peacebuilding)은 폭력의 원인을 규명하고 평화적 갈등해결에 거는 사회적 기대를 조성하고 사회를 안정화시키는 일련의 조치들을 포함한다. 평화구축의 범위는 말하는 사람에 따라 달라 일률적으로 말하기는 어렵다. 행위자는 정부와 비정부기구, 지역기구, 국제기구 등이다. 평화구축 방안은 공포로부터의 자유, 빈곤으로부터의 자유, 분쟁 과정에서 겪은 비인간적 상황으로부터의 자유 등으로 구성된다. 분쟁지역의 혼란과 복잡성을 고려할 때 분쟁 후 평화구축은 3단계를 거친다. 첫 단계는 전후 국가안정을 회복하고, 전쟁 참가자들에 대한 무장해제, 동원해제, 사회로의 재통합(DDR)을 장려하고, 둘째 단계는 국가기능을 강화해 대중의 기본적 필요를 충족시키고 국가 합법성을 증대시키고, 셋째 단계는 갈등의 평화적 관리와 사회·경제적 발전 증진을 위한 사회의 능력을 배양하는 일이다.

둘째로 생각해 볼 용어는 평화체제다. 평화체제는 평화를 보호, 달성하는 데 요구되는 원칙, 규범 및 관련 제도를 통칭한다. 예를 들어 주권평등 규범, 분쟁의 평화적 해결 원칙, 국제연합(UN)과 평화조약 같은 것이 평화체제의 구성 요소들이다. 평화체제에 있어서 평화는 평화의 보호를 의미하며, 평화의 보호는 평화유지와 평화조성으로 이루어진다. 평화유지와 관련한 조치로는 안전보장조약, 불가침조약이 있고, 평화조성과 관련해서는 휴전조약과 평화조약 등이 있다. 유엔 헌장 제39조는 안전보장이사회에 평화보호를 위한 관련 조치를 취할 권한을 부여하고 있다. 평화조약은 교전 당사자들이 전쟁 종료 및 평화우호관계의 조성을 목적으로 문서를 통해 취하는 명시적 합의를 말하는데, 국제법상 그 명칭에 관계없이 동일한 효력을 갖는다. 평화조약은 전시상태를 평화상태로 변경시킨다는 점에서 현상유지하의 불가침조약과 구별되고, 조약의 체결권자가 국가원수라는 점에서 체결권자가 군사령관인 휴전조약과도 구별된다. 평화조약의 당사자와 휴전조약의 당사자는 반드시 일치하지 않을 수도 있다. 이 점이 한반도 평화조약 체결 당사자를 둘러싼 논의에 참고할 부분이다. 더욱이 연합군을 편성하여 작전하는 경우 휴전조약 당사자와 평화조약 당사자는 각기 달리 정해질 수 있다. 평화조약은 비준을 요하고 서명이 이루어지면 효력이 발생한다.

평화조약의 내용은 조약 당사자가 임의로 합의하여 정하는 것으로서 일정한 유형이 있는 것은 아니다. 그러나 '적대행위를 종료하고 평화상태를 회복한다.'는 내용은 반드시 포함되는 사항이다. 평화조약은 통상 일반조항과 특수조항을 포함하는데, 일반조항은 적대행위 종료, 점령군 철수, 압류재산의 반환, 포로 송환, 조약의 부활 등이 포함되고, 특수조항은 손상 배상, 영토 할양, 요새 파악 등이 포함된다. 당사국의 국가원수가 서명하되 의회의 비준을 받지 않고 합의할 경우는 평화협정으로 불린다. 한반도의 경우 휴전협정이 맺어졌지만 평화조성과 평화유지 모두 온전히 이루어지지 않은 상태다. 무엇보다 비핵화, 군축에 진전이 없고 오히려 더 악화된 상태이고, 그에 영향을 받아 평화조약이 체결되지 않았다. 그렇기 때문에 휴전상태하에 있는 한반도의 평화는 불안정하고 깨어지기 쉬워 본질적으로 평화라 말하기 어렵다.

셋째, 평화권(right to peace)은 평화적 생존권으로도 불리는데, 간단히 말해 평화롭게 살 인간의 권리를 말한다.* 이 정의는 매우

---

* 이하 평화권에 관한 논의는 서보혁, 〈국제 평화권 논의의 추세와 함의〉, 『21세기 정치학회보』 제22권 1호 (2012), 65-86쪽을 참고해 정리한 것임.

상식적으로 들리지만, 여기에는 평화에 대한 이해와 평화를 인권으로 인정하느냐의 문제가 가로놓여 있다. 평화를 하나의 인권으로 파악하기 위해서는 평화 개념에 사람을 반드시 포함시켜 인식할 것과 제3세대 인권의 등장에 대한 이해가 필요하다. 앞에서 소극적, 적극적 측면을 막론하고 평화를 하나의 조건이나 결과 개념으로 보았지만, 평화를 그렇게 정의하는 방법만 있는 것은 아니다. 오늘날 평화는 개인의 화평, 심성의 평온은 물론 인간과 우주의 소통, 인간과 자연의 공존, 생태보존, 지속가능한 발전 등의 차원으로 발전하고 있다. 그럼에도 여전히 평화 개념의 중심은 인간 생명의 보호, 인간존엄의 보장임에 틀림없다.

1966년 국제자유권규약과 국제사회권규약이 제정되고 그 즈음 식민통치로부터 독립한 국가들이 국제무대에 진출하였다. 그런 상황 속에서 1970년대에 이르러 연대권에 대한 논의가 부상하였다. 주요 관심 분야는 발전과 평화 문제였다. 평화권도 발전권과 함께 집단권 혹은 연대권으로 불리며 관심을 받기 시작하였다. 자유권규약, 사회권규약 채택 2년 후인 1968년 4월 22일~5월 13일 테헤란에서 세계 최초로 세계인권대회가 열렸다. 대회에서 채택한 선언문의 명칭은 'Proclamation of Teheran, Final Act of the International Conference on Human Rights'였다. 이 선언문은 제19항에서 "군축이 모든 인류의 최고 염원이고 군축으로 발생할 인적, 물적 자원을 인권과 근본적 자유를 증진하는 데 이용해야 한다."고 밝히고 있다. 1969년 이스탄불에서 열린 제21차 국제적십자사 총회에서 채택된 결의 XIX도 인간이 영구평화를 누릴 '권리'가 있다고 선언하였다. 1976년 2월 27일 유엔 인권위원회에서 채택된 결의 5/XXXII는 유엔에서 평화권을 인정한 첫 사례이다. 이후 유엔 인권위원회에서의 평화권 관련 결의는 1998/77, 2000/66, 2002/71 등이 있다. 유엔 총회에서도 1978년 최초로 평화권 선언이 채택되었고, 이어 아프리카연맹에서 '1981년 아프리카 인권헌장'이 채택됐다. 아프리카 인권헌장 제23조 1항은 "모든 사람들은 국가적, 국제적 차원의 평화와 안전을 누릴 권리를 갖고 있다."고 밝히고 있다. 이상과 같은 평화권 논의에 힘입어 1984년 11월 12일, 유엔 총회는 '평화권 선언'(Declaration on the Right of Peoples to Peace)을 채택하였다. 선언은 "지구상의 모든 인류는 신성한 평화권을 갖는다."는 원칙을 확인한 후 대중의 평화권 향유를 "각국의 근본적 의무"로 선언하였다. 선언은 평화권 실행을 위해 군축과 자원의 효율적 이용, 전쟁 위협의 금지, 특히 핵전쟁 위협 금지 등을 거론하고 있다.

평화권에 대한 보다 자유롭고 본격적인 논의는 정부 간 기구

(IGOs)보다는 비정부기구(NGOs)가 더 적합한지도 모른다. 각국의 외교안보정책과 직결되는 평화권 논의를 유엔에서 충분히 논의하기에는 처음부터 한계가 있었다. 2008~2010년 유엔 인권이사회에서 잇달아 평화권을 논의하기로 결의한 것은 같은 시기 비정부 부문에서의 평화권에 관한 높은 관심을 반영한 것이었다. 그러나 유엔에서의 평화권 제도화 노력은 더 이상 진전되지 못하고 있다. 기본적으로 평화권이 각국의 안보정책을 제한할 수 있다는 국가주권 우선논리, 특히 핵강대국들의 강력한 반발이 두드러진다. 법리적으로는 평화권이 기존의 각종 국제인권규약과 뚜렷하게 구별되지 못한다는 지적도 있다.

2010년 12월 10일 국제평화권대회에서 채택된 '산티아고 평화권 선언'은 지금까지 나타난 평화권 논의의 백미라 할 수 있다. 현대적 의미에서 인권은 의무 보유자(duty holder)로서 국가의 책무와, 권리 보유자(rights holder)로서 시민의 권리로 구분된다. 산티아고 평화권 선언은 최초로 현대 인권 개념에 부합한 평화권 개념을 제시했다는 의의가 있다. 선언은 제1~12조에 걸쳐 교육, 인간 안보, 발전권, 양심적 병역거부의 권리, 저항권, 군축에 나설 권리, 난민 지위의 권리, 모든 희생자들의 권리 등을 명시한 후, 제13조에서 국가에 평화권을 실현할 의무를 지우고 있다.

평화권은 적극적 평화와 깊은 관련이 있다. 구체적으로 평화권은 군비보유의 배제, 국가에 의한 평화저해 행위(무기수출 등)의 배제, 양심과 종교의 자유에 따라 군사활동에 참여하지 않을 권리, 군사적 목적의 기본권 제한(재산 압류, 표현의 자유 제한 등) 금지, 전쟁위험(군사적 긴장 혹은 갈등)에 처하지 않을 권리 등이 포함된다. 여기에 안보정책으로 인해 시민의 인권과 근본적 자유가 침해받지 않을 권리, 그리고 안보정책이 투명하게 전개되고 거기에 시민이 참여할 권리도 평화권에 포함될 수 있다.

평화권은 한반도에 적극적인 의미를 부여한다. 물론 분단 상황에서 평화가 소극적 차원에서 인식되어 왔기 때문에 평화권이 생경할 수도 있다. 그러나 분단이 인권, 민주주의를 유보하는 명분이 될 수 없다는 의식이 높아 가고 있다. 평화와 인권의 입맞춤이라 할 수 있는 평화권은 한반도의 평화와 통일을 동전의 앞뒤처럼 하나의 총제로 인식하도록 해주는 개념이다.

넷째, 평화문화다. 유네스코(UNESCO)는 평화문화를 인권 존중, 폭력 거부, 양성 평등, 민주주의 옹호, 국가 및 집단 간 소통과 이해를 표현하는 일련의 윤리적이고 심미적인 가치, 습관 및 관습, 타자에 대한 태도, 행동 및 생활방식으로 정의한다. 평화문화는 전쟁과 폭력을 인정하는 경향을 대화, 존중, 공정함이 사회관계를 규율하는 문화로 전환하도록 하는 삶으로 정의할 수도 있다. 이와 관련해 1989년 아이보리해안의 야모소우크로(Yamoussoukro)에서 열린 한 학술회의에서는 "생명, 자유, 정의, 연대, 관용, 인권, 그리고 양성평등과 같은 보편가치에 기초하는 평화문화를 발전시켜" 만들어 나갈 "새로운 평화의 비전"을 구상하였다.

유네스코의 초기 평화문화 프로젝트는 1992년 엘살바도르에서 성공적으로 시작되었는데, 12년간 8만 명의 목숨을 앗아가고 1백만 명을 삶의 터전에서 떠나게 한 유혈분쟁을 종식시키는 데 촉매 역할을 담당하였다. 1995년 유네스코 총회에서는 평화문화가 가장 우선적인 사업이라고 결정하였다. 총회는 평화문화 사업의 목표가 전쟁, 폭력, 강제, 차별문화에서 벗어나 비폭력, 대화, 관용, 연대의 문화로 나아가도록 하는 것이라고 밝혔다. 평화문화를 증진하는 노력은 각 국가와 국제기구 대표들을 향한 외교, '평화문화를 향하여'(Towards a Culture of Peace)라는 특별 프로젝트, 평화권 제안 등을 꼽을 수 있다. 전쟁과 적대가 사라지지 않고 있는 상황에서 평화문화는 하나의 정신운동이 아니라 전쟁과 전쟁을 지지, 옹호하는 산업, 정책, 주의주장에 대한 설득력 있는 저항과 대화, 타협, 중재를 통한 평화정착 노력이다. 메이어(F. Mayor) 전 유네스코 사무총장이 전쟁의 산업화를 경고하면서 민주주의의 확산이 평화문화에 이바지할 것이라고 말한 것도 그런 맥락에서다.

평화문화 증진은 군사주의와 군사화 경향을 극복할 때 가능하다. 군사화는 군사주의가 침투하는 물질적, 이데올로기적 과정과 그것이 사회 구조로 확립된 상태를 일컫는다. 군사화의 징표로 군부 권위주의 통치, 군사비 증가, 무기거래, 쿠데타 등이 꼽히는데, 그 특징과 동전의 앞뒤를 이룬다. 군사화의 특징은 군의 정치적 과대성장, 군의 비국방 분야(특히 경제)로의 진출, 군대문화의 사회화 등이다. 이처럼 군사화가 현상, 과정, 구조로 정의되는 경향이 있는 데 비해, 군사주의는 평화문화의 반대인 군대문화를 지지하는 주의주장을 말한다. 군사주의 연구의 선구자인 배그츠(A. Vagts)는 냉전의 한복판에서 쓴 『군사주의의 역사(*A History of Militarism*)』(1937, 1959)에서 군사주의를 "민에 대한 군의 지배, 군의 요구가 사회에 부당하고 압도적으로 수용되는 일", 혹은 "군사기구가 시민의 생활과 행동을 계속해서 통제하려는 경향"이라고 정의했다. 군사주의는 또 가부장제, 권위주의와 연합해 평화문화를 저해하는데, 이는 평화문화가 이들 세 비평화문화를 극복하는 과정에서 꽃피워질 수 있음을 말해 준다.

이 정도를 갖고도 한국사회에 평화문화가 존재하는지, 군대문화가 넘치는지는 독자들이 어렵지 않게 판단할 수 있을 것이다. 물론 그것은 한국만의 문제는 아니다. 다만, 한국에서 (비)평화문화는 분단과 깊은 관련이 있다.

5. 평화학의 영역

평화와 인접 용어들을 살펴보고 평화학도 정의해 보았다. 그럼에도 여전히 평화학이 어디서 어디까지인지 뚜렷하게 잡히지 않을 수도 있을 것이다.

평화학의 범위를 설정하려면 그 종류 혹은 유형을 살펴보는 것이 유용하다. 지금까지 등장한 평화연구는 크게 전통적인 국제정치학, 비판적 안보연구, 생태평화학, 비폭력주의에 기반한 대안적 삶에 대한 연구 등 다양하게 나타났다. 이런 흐름을 둘로 좁히면 오늘날 평화학은 사회 차원에서의 평화학과 국제관계 차원에서의 평화학으로 말할 수 있다. 평화학의 범위는 논자에 따라 다양하지만, 크게 보면 폭력의 양상과 그 원인, 그리고 평화의 조건 및 형성 방안 등 네 가지로 설정해 볼 수 있다. 거기에 정신적, 물질적 측면, 그리고 개인, 사회, 국가, 지역, 세계 등과 같은 수준을 대입해 논의를 전개할 수 있다.

〈표 1〉 갈퉁의 평화학 영역 분류

직접적 폭력	직접적 평화
N(자연) : 적자생존	N : 상호 원조와 협력
P(사람) : 자신에 대한 폭력, 자살	P : 내부 · 내외간 인원 증가
S(사회) : 잘못된 선을 넘는 폭력	S : 비폭력적 자유
W(세계) : 전쟁 지형-대량 학살	W : 평화운동-대안적 방비
C(문화) : 문화의 말살	C : 문화의 자유
T(시간) : 폭력의 역사와 미래, 전쟁	T : 평화의 역사와 미래
구조적 폭력	**구조적 평화**
N : 환경 파괴	N : 다중심적 생태 평화
P : 정신병리학	P : 내부 · 내외 구성원 간 평화
S : 가부장제, 인종주의, 계급	S : 발전, 형평, 평등
W : 제국주의, 무역	W : 평화 지역들-통치, UN
C : 문화 제국주의	C : 문화 다원주의
T : 착취와 탄압의 역사와 미래	T : 상기 요소들의 지속성
문화적 폭력	**문화적 평화**
종교 : 전능함	종교 : 내재적
법 : 비민주주의, 인권 침해	법 : 민주주의, 인권
사상 : 보편주의자, 단일주의자	사상 : 특정주의자, 다원주의자
언어 : 성차별주의, 인종주의	언어 : 인본주의, 종다원성 인정
예술 : 국수주의, 가부장주의	예술 : 인본주의, 종다원성 인정
과학 I : 서구적 논리?	과학 I : 도교인? 불교인?
과학 II : 생명과 존엄 파괴	과학 II : 생명과 존엄 신장
우주 철학 : 동양 I ? 중국적? 일본적?	우주 철학 : 동양 II ? 인도? 불교?
학교 : 군사화	학교 : 평화교육
대학 : 군사화	대학 : 평화연구와 조사
언론 : 전쟁-폭력의 저널리즘	언론 : 평화 저널리즘

평화학의 영역으로 가장 널리 언급되는 논의는 갈퉁의 소극적 폭력, 적극적 폭력, 소극적 평화, 적극적 평화이다. 갈퉁은 그의

대표 저서인 『평화적 수단에 의한 평화(*Peace by Peaceful Means*)』에서 폭력과 평화를 각각 직접적, 구조적, 문화적 세 차원으로 나누어 여섯 개 영역으로 설정하고 각 영역에 시간, 문화, 세계, 사회, 자연, 사람 등 6개 측면을 적용해 논의를 풍부하게 전개하고 있다.(표 1) 갈퉁의 평화학 영역 분류는 폭력을 포섭하여 존재하는 폭력 및 평화를 적절하게 분류하고 포괄하는 장점이 있으나, 같은 이유로 인간의 모든 관심사 혹은 가치를 평화와 폭력이란 말로 담아내려 했다는 비판을 받기도 한다.

젱하스는 『문명 내의 충돌(*Zivilisierung wider Willen*)』에서 평화형성을 하나의 문명기획이라고 보았다. 이 책에서 그는 평화형성에 필요한 조건을 여섯 가지로 보았는데, 그것은 폭력의 국유화, 법치, 상호규제, 민주적 참여, 사회정의, 건설적 갈등해결 문화이다. 이것은 젱하스의 육각형 문명화 모델로 불리는데, 그의 평화형성 조건에서 보듯이 평화는 민주주의 확립과 깊은 연관이 있다. 젱하스가 제시한 영역은 갈퉁에 비해 제한적이어서 학문으로서 평화학의 한정성을 보여 주고 있는 반면, 국제적 차원과 경제적 측면을 소홀히 다룬 단점이 있다.

이 밖에도 국제정치학에서는 전쟁을 그 원인, 확대, 종결의 측면에서 다루는 전문적인 논의도 있고, 현실주의, 자유주의, 구성주의, 비판이론 등 패러다임으로 나누어 전쟁과 평화 문제를 거시적으로 논의하는 방식도 있다. 그러나 평화운동을 바탕으로 한 아래로부터의 시각에서 보면 전쟁의 원인과 양상에 대한 이해는 기성 국제정치학에서의 논의와 달리 생각해 볼 수도 있다. 애슈포드(M-W Ashford)와 도운시(G. Dauncey)가 『평화만들기 101(*Enough Blood Shed : 101 Solutions to Violence, Terror and War*)』에서 보여 준 것처럼 평화의 영역은 국가 간 관계에 국한되지 않고 심성과 생활세계로 확대될 수 있다. 그렇다면 평화학의 영역도 더 넓고 더 깊어질 수 있을 것이다. 평화학을 이렇게 본다면 그것은 평화운동, 평화교육과 손잡고 나아가야 할 연대와 치유의 학문으로서 현장을 반영한 동시에 현장의 지침을 제공할 수 있을 것이다.

6. 평화학의 특징

지금까지 얘기한 바를 생각하면 평화학이 어떤 학문인지, 그 특징을 상상할 수 있을 것이다.

평화학은 첫째, 학제 간(interdisciplinary) 혹은 초학제적(transdisciplinary) 학문이다. 근대사회의 등장 이래 과학기술과 문화예술의 발전을 반영해 근대학문도 문학, 철학, 정치학, 경제학과 같이 분과학문으로 세분화되어 왔다. 이제 학문이란 인접 학문이 무엇을 하는지도 모른 채 자기 분야만 파고들어 가는 식의 분과학문으로 환원되는 결과를 초래했다. 그러나 냉전을 거쳐 세계화, 결정적으로 지구적 문제(global issues)의 등장으로 분과학문의 유용성은 도전받기 시작했다. 이런 시대 변화를 배경으로 한 오늘날 대표적인 지구적 문제는 자연파괴와 기후변화로 인한 환경, 식량, 보건 등 인간 안보 문제를 꼽을 수 있다. 평화학은 처음부터 이런 문제들에 깊은 관심을 가져왔다. 뿐만 아니라 평화학은 이미 1, 2차 세계대전을 겪으며, 또 그에 앞서 세계

각지에서 발생한 각종 인권 침해와 차별을 직시하며 평화, 인권, 평등에 기여하는 각 분야의 연구자, 정치가, 운동가들이 손을 잡으며 만들어 간 학문이다. 그러므로 평화학은 폭력이나 평화 관련 분과학문들의 참여와 협조 속에서 만들어 가는 학제 간 학문이다. 그러나 평화학은 학제 간 학문으로 그 정체성을 설정할 수는 없다. 학제 간 연구가 분과학문의 협력으로 파급효과를 만들어 낼 수 있지만 분과학문의 틀을 전제하고 있다. 평화학이 평화에 관심 있는 분과학문 종사자들이 협력하는 것을 부정하지 않지만, 위에서 말한 것처럼 평화학 자체는 그 속성상 분과학문의 경계를 초월하는 정체성을 띠고 있다. 평화학은 문제 진단, 해결 방향과 방법을 아우르는 초학제적 학문, 혹은 융복합학문의 성격을 갖는다. 평화학이 초학제성을 띤다는 말은 연구대상인 폭력이나 평화에 관한 문제를 하나의 통합된 단위로 보고 관련 이해당사자들을 연구에 포함시킨다는 의미도 포함한다.

둘째, 평화학은 다차원적인 학문이다. 평화학은 평화가 개인의 심성과 삶, 마을, 공동체 등과 같은 지역사회, 국가, 국가 간(international) 관계, 자연, 우주 등 여러 차원에서 논의가 가능하다. 이것이 전쟁과 평화 문제에 관심 있는 여타의 분과학문들과 평화학의 차이점 중 하나다. 평화학은 또 정신과 물질, 유형과

무형, 개인과 집단, 혹은 심성, 행동, 제도 등과 같이 다양한 차원에서 접근 가능하다.

셋째, 평화학은 다문화적이다. 평화학은 역사 속에서 형성·변화해 온 특정 문화권의 토양 위에서 발달할 수 있다. 그런 가운데서도 평화학은 특정 문화권의 영향에 갇히지 않고 그것을 초월하여 모든 문화권에서 이루어지는 다문화적 혹은 간문화적 성격을 갖고 있다. 평화학의 다문화성은 평화학이 문화적 상대주의에 기반한다는 뜻이 아니라, 보편가치를 다양한 문화적, 역사적 토양 위에서 풍부하게 추구해 나감을 의미한다. 평화가 각 문화권의 맥락에서 그 뜻과 초점이 다른 면이 있지만 동시에 공통적인 의미와 속성을 갖고 있다는 점에서 평화학은 문화적 다양성 속에서도 보편성을 획득할 수 있다. 굳이 말하자면 평화학은 맥락적 보편주의를 추구한다고 말할 수 있다.

넷째, 평화학은 그 정향(orientation)에서 비판적이고 포괄적이다. 평화학은 평화실현을 추구하면서도 다양한 형태와 측면의 비평화를 비판적으로 고찰하고 그 극복 방안과 대안적인 평화상을 추구하는 융합적인 연구체계이다. 평화학은 결코 진공 상태에서 혹은 구름 위에서 평화를 상상하는 지적 유희가 아니다. 폭력을 정당화하고 폭력이 지속되는 역사와 현실 속에서 그 원인과 메커니즘을 규명하는 비판적 학문이자 '평화적인 수단에 의한 평화'로운 세계를 만들어 가는 포괄적인 학문이다.

다섯째, 평화학은 여느 학문처럼 이론의 형성 및 발전을 추구하되, 폭력에 시달리고 평화를 갈구하는 풀뿌리의 목소리와 현장의 요청에 적극적이고 민감하게 반응한다. 평화학은 이론화 작업을 추구하면서도 그에 못지않게 현장, 실천과 깊이 연대한다. 폭력의 진흙탕에서 움트는 평화의 기운, 전쟁의 폐허 위에서 일어나는 살림의 울림과 같이 현장의 이야기를 평화학은 이론화 작업의 원천으로 삼는다. 심지어 평화학은 『전쟁은 여자의 얼굴을 하지 않았다』(스베틀라나 알렉시예비치, 박은정 옮김, 2015), 『이념과 학살』(이나미, 2013), 『이산가족, 반공전사도 빨갱이도 아닌』(김귀옥, 2004)과 같은 책처럼, 전쟁의 가담자들 혹은 희생자들이 숨겨 놓았던 폭력의 이야기를 들어주는 것 자체일 수도 있다. 노동자, 농민, 장애인, 청소년, 성적 소수자, 군사기지와 핵 · 고압발전소 지역주민들이 겪은 각양의 인권침해 실상과 그들의 투쟁을 있는 그대로 전달하는 글 자체도 평화학에 포함될 수 있다.

여섯째, 평화학은 여느 학문들보다 높은 윤리성을 갖고 있다. 평화학도 하나의 학문이니만큼 객관성과 논리성을 바탕으로 하고 있지만, 추구하는 바를 생각할 때 순수학문으로 남아 있을 수 없다. 평화학은 이 세상에 온전한 평화를 가져오고 사람들이 평화롭게 사는 데 이바지하는 학문이다. '평화윤리'는 평화학의 주요 연구주제의 하나이다. 평화학의 윤리성은 연구자의 연구시각과 태도, 연구주제 선정에도 영향을 미친다. 요즘은 분과학문을 막론하고 사회가 연구자들에게 연구윤리를 요구하지만, 평화학은 그 속성상 처음부터, 자발적으로 연구윤리는 물론 연구주제와 연구정향에 윤리성을 강조하고 있다. 이를 배제한 평화학이란 있을 수 없지만 실제 그런 경우는 평화학의 정체성을 배척한 직업으로서의 평화연구에 불과할 것이다.

일곱째, 평화학은 연대의 학문이다. 평화학이 다루는 연구주제는 물리적 차원의 폭력과 평화만이 아니기에 인간사회의 거의 모든 문제, 나아가 자연, 우주까지 다룬다. 평화구축의 길, 거기에 이론적, 실천적으로 기여하는 평화학은 눈에 띄는 폭력·평화 문제로 연구범위를 한정할 수 없다. 이론적으로 평화구축의 길을 찾기 위해서는 평화의 이웃인 인권, 민주주의, 지속가능한 발전, 인도주의 등 인접 보편가치들에 관한 연구를 함께 수행해야 할 것이다. 실천적으로도 평화학은 평화와 인접한 주제들을 연구하는 학문 혹은 실천 단위들과 긴밀히 소통할 때 풍부한 연구는 물론 평화학의 정체성을 구체화할 수 있을 것이다.

이상과 같은 특징들을 묶어 평화학의 정체성을 잘 보여 준 사례로 에반스(B. Evans)의 언급을 들 수 있다. 21세기 신자유주의 시대의 폭력을 『일회용 미래들(*Disposable Futures*)』이란 책으로 잘 설명한 그는 2015년 12월 16일(온라인 기준) 〈뉴욕타임스(*The New York Times*)〉에 실린 대담에서 이렇게 말했다.

> 우리가 어떻게 폭력문제에 비판적으로 관여하고, 윤리적으로 민감하게 반응하고, 폭력의 희생자들을 위해 정의를 실천할 수 있을까? 흔히 폭력은 객관적이고 중립적인 방식으로 연구되고 있지만, 그런 방법은 인간의 삶이 유린되는 현실과 그런 경험이 끔찍하고 파괴적이란 점을 망각한다.

7. 평화학의 방법

위 에반스의 발언은 평화학의 정체성과 지향은 물론 방법론의 문제도 제기하고 있다. 평화를 연구하는 방법은 크게 두 가지로 생각해 볼 수 있다. 그 하나는 귀납적인 방식이다. 평화학의 대상이 되는 폭력과 평화가 어떻게 발생하고 어떤 영향을 주는지를 구체적인 경험연구로 밝혀내는 작업이다. 사례, 통계, 문헌, 인터뷰 등을 활용한 경험연구를 통해 폭력과 평화의 발생과 영향에 대한 인과관계를 밝혀내고 교훈과 시사점을 찾아내는 일이다. 다른 하나의 방법은 연역적인 방식이다. 평화학에서 통용되어 온 특정 이론을 적용해 구체적인 폭력 혹은 평화 사례를 설명하는 방식이다. 가령, '장기분쟁' 이론을 통해 한반도 분단의 장기화 양상과 그 원인, 영향 등을 분석할 수 있다. 또는 '분쟁 후 평화구축' 이론을 적용해 르완다 사태나 동티모르 사태를 설명할 수도 있다. 연역적인 방식은 연구 사례에 적용하는 이론이 타당한지를 검증하는 절차를 밟는데, 그 이론이 타당하다고 입증

되면 이론의 일반성은 더 커지고 그 이론이 반증(反證, falsification) 되면 그 이론은 수정하거나 기각한다. 귀납적인 방식은 사례에 대한 풍부한 서술로 있는 사례의 전모를 이해하고 그로부터 어떤 실천적, 이론적 함의를 이끌어 내는 데 유용하다. 그에 비해 연역적인 방식은 특정 이론이 새로운 사례를 설명하는 데 유용한지를 테스트(test)해 그 이론의 가치를 판정하고, 평화구축에 필요한 새로운 요소들에 대한 이론적 관심을 증대시킨다.

사실 이런 기본적인 분류는 평화학만이 아니라 사회과학의 모든 분과학문에서도 통용된다. 그렇다면 평화학에서 이용하는 구체적인 연구방법에는 어떤 것들이 있는지 간략히 살펴보자.

우선, 폭력과 평화에 관한 기존 이론들을 비판적으로 독해하는 작업이 필요하다. 어디에서나, 어떤 사례에도 적용할 수 있을 정도로 무한 보편성을 지닌 이론은 존재하지 않는다. 이론은 그 이론이 만들어진 시대적 배경과 연구자의 시각이 반영되어 있기 때문에 매력적으로 보이는 이론도 '오늘 여기서' 일어나는 문제를 설명하는 데 그대로 적용하기 어려울 수도 있다. 그래서 비판적 독해가 필요하다. 비판적 독해를 통해 이론 중 적용할 수 있는 부분과 수정 혹은 응용할 부분을 판단할 수 있다.

둘째, 연구주제에 직접 관련된 원자료를 수집해 이를 연구목적이나 관련 기준에 의거해 분류하고 분석하는 일이다. 원자료 혹은 1차 자료 분석은 과거사의 경우, 혹은 북한처럼 연구자가 직접 방문하기 어려운 경우 매우 유용한 방법이다. 그렇지만 평화학은 그 속성상 가능하면 현장조사, 참여관찰, 인터뷰와 같은 방법을 통해 관련 사건이 있어난 현장의 목소리, 그곳의 역사적, 사회 · 경제적 배경, 피해자들을 포함해 사건 관련 당사자들의 입장 등을 있는 그대로, 온전하게 파악하는 노력이 필요하다. 그런 작업 없이 여과된 언론보도나 특정 시각의 자료만 활용할 경우 현장성은 차치하고 객관적이고 포괄적인 분석이 불가능하다.

평화학의 속성상 '행동연구'도 하나의 연구방법이 될 수 있다. 행동연구란 가령 고압송전탑 건설 반대운동이나 세월호 침몰 진상 규명운동을 전개하는 단체의 활동에 직접 참여해 그 사건을 연구하는 방법이다. 일종의 내재적 접근이다.

인권 증진이나 분쟁 후 평화구축과 관련한 연구에서는 해당 정부의 특정 정책이나 시민단체의 관련 활동에 초점을 두는 '프로그램 평가' 방법도 유용하다. 동물의 집단생활에서 평화학에 유용한 점을 도출하려는 경우는 진화동물학, 산업화된 다민족국가에서 소수집단으로서 원주민의 문화적 권리에 관한 연구는 민족지학의 이론을 활용할 수도 있다. 이처럼 평화학은 연구목적과 관심사에 따라 다양한 연구방법을 취할 수 있다.

평화학의 방법은 평화학의 목적에 이바지할 때 그 의의가 있다. 평화학은 정확한 분석과 풍부한 상상력을 동시에 요구한다. 이를 통해 평화학이 추구하는 진실 규명과 평화구축의 길을 보다 뚜렷하게 찾을 수 있을 것이다. 그렇기 때문에 평화학은 특정 문제나 사건에 대한 요인 분석을 하지만 그것을 통해 곧바로 어떤 결론이나 처방을 내리기보다는 다른 가능한 요인이나 유사 사례와의 비교와 창조적인 해석에 열려 있다. 말하자면 평화학은 그 방법에 있어서도 이해와 소통을 중시한다. 개방적이고 포괄적인 평화학의 특성은 주관과 객관, 묘사와 설명, 상상과 분석, 거시와 미시, 위와 아래 등 여러 측면과 차원을 통합하려는 연구방법에서도 잘 나타난다.

제2장

평화운동이란?

1. 평화운동의 개념

평화운동은 말 그대로 평화를 추구하는 운동이다. 앞에서 언급했듯이 평화를 추구하는 길은 평화조성, 평화유지, 평화구축 등 크게 세 가지 길이 있다. 한반도 현실을 본다면, 정전협정 체결과 함께 한 전쟁 중단은 평화조성의 일부로 간주할 수 있다. 이후 분단정전체제가 지속되는 가운데 군사력 균형에 의한 상호 억제로 전쟁 재발을 막고 소극적인 평화를 이어간 것은 평화유지라 할 수 있다. 그러나 분단정전체제 가운데서도 국지전이 발생하고 군사적 긴장이 줄어들지 않은 상황에서의 평화유지는 제한적일 수밖에 없다. 이는 분단정전체제를 평화체제로 대체하고 지속가능한 평화를 가져올 사회정치적 구조를 만들어 내는 평화구축이 궁극적인 평화의 길임을 말해 준다.

그런데 '평화를 원하거든 전쟁을 준비하라.'는 말이 있다. 이 격언을 통해 평화라는 말 자체가 얼마나 추상적이고 모호할 뿐만 아니라 때로는 모순적이라는 것을 알 수 있다. 실제로 많은 국가들은 평화를 말하면서도 전쟁을 일으키거나 전쟁에 사용될 무기를 만들고 판매한다. 평화를 가장 많이 말하지만 전쟁을 가장 많이 한 나라가 미국이다. 핵무기를 만든 북한의 지도자들도 핵무기 덕분에 한반도의 평화와 안정이 유지된다고 강변한다. 일본은 평화헌법을 허물고 전쟁할 수 있는 나라로 탈바꿈하면서 이를 '적극적 평화주의'라고 주장한다. 한국은 평화를 유지한다는 명분으로 미국과 군사동맹을 맺고 북한의 국내총생산(GDP)보다 많은 군사비를 쓰고 있다. 이를 관통하는 것이 바로 '힘에 의한 평화'이다.

평화운동은 이러한 '힘에 의한 평화'에 비판적이거나 이를 거부한다. '평화를 원하거든 평화를 준비하자.'는 정신으로 비폭력적이고 평화적인 방법을 통해 평화를 추구하는 사회운동이 바로 평화운동이다. 또한 국가주의나 민족주의가 배타성을 띠면서 분쟁과 갈등을 유발하는 경우가 많다고 보고 이를 초월한 보편적 가치를 지향한다. 국제사회를 정글과도 같은 약육강식(弱肉强食)의 세계로 남겨두기보다는 서로 화해하고 협력함으로써 평화적으로 공존할 수 있는 세계를 만들고자 노력한다.

이러한 평화운동를 두고 '순진하고 이상적'이라고 비판하는 사람들도 있다. 하지만 사회운동은 현 상태보다 더 나은 상태를 지향하는 '진보'와, 더 나은 상태를 원하는 사람들의 확대와 실천을 추구하는 '연대'를 두 축으로 한다. 평화운동도 마찬가지이다. 하여 '소수가 꿈꾸면 이상으로 끝나지만, 다수가 꿈꾸면 현실이 된다.'는 말은 평화운동의 기본 정신이라고 할 수 있다.

평화를 '전쟁이 없는 상태'라고 할 때, 평화운동의 기본은 역시 전쟁을 막거나 전쟁이 일어나면 조속한 전쟁 종식을 추구하는 데에 있다. 물론 방어전쟁이나 독립전쟁과 같은 '정의의 전쟁(just war)'은 불가피하다고 보는 사람도 있다. 유엔 헌장에도 타국의 공격이 일어나거나 임박했을 때 개별적, 집단적 자위권을 인정하고 있다. 하지만 평화운동의 기본 정신은 "모든 전쟁을 반대한다."는 말로 압축된다.

나아가 평화와 평화운동을 반전(反戰)보다 더 큰 의미에서 개념 규정하는 사람들도 있다. 이들은 평화를 모든 형태의 공포(fear), 모든 형태의 결핍(want), 모든 형태의 차별(discrimination), 모든 형태의 공해(pollution)로부터의 해방을 의미한다고 주장한다. 이러한 개념 규정에 따르면, 평화운동은 전쟁을 만들어 내는 군사주의체제, 굶주림을 만들어 내는 체제, 사막을 만들어 내는 생태 위기, 가부장적 지배체제 등을 해체하고 그 대안을 상상하고 실천하는 운동이 된다.

● 1982년 뉴욕 반핵집회

이러한 개념 정의는 요한 갈퉁의 '적극적 평화' 개념에 기반을 두고 있다. 단순히 '전쟁 부재'를 의미하는 '소극적 평화'를 넘어 빈곤, 차별, 환경 파괴, 가부장제 등 인간의 존엄과 생존을 억압하는 모든 억압과 구속으로부터의 자유를 추구하는 것이 평화운동이라는 것이다. 이러한 개념 규정은 유엔을 중심으로 발전해 온 '인간 안보(human security)' 개념과도 그 맥락이 닿아 있다.

넓은 의미의 평화운동은 세 가지 인식에 기반을 두고 있다. 첫째, 평화의 가장 기본적인 가치를 생명 존중이라고 할 때 전쟁뿐만 아니라 빈곤, 환경 파괴, 차별 등도 생명을 위협한다는 것이다. 둘째, 1990년을 전후한 세계적인 탈냉전 이후 국가와 군사 중심의 안보 개념을 넘어 개인의 안전과 복지 문제까지 고려하는 '인간 안보'를 중시해야 한다는 것이다. 셋째, 평화를 위협하는 요인들이 상호연관을 갖고 있는 것처럼 이들을 극복하고자 하는 사회운동들 역시 상호연관을 가질 수 있고 또 가져야 한다는 것이다.

이러한 평화와 평화운동에 대한 폭넓은 개념은 서구사회에만 존재하는 것은 아니다. 평화(平和), 혹은 화평(和平)이라는 단어 자체에도 평등주의 사상이 담겨 있다. 이 말의 어원에는 '골고루(平) 벼(禾)를 먹는다(口).'는 의미가 담겨 있는 것이다. 나라 안에서든, 나라 사이에서든 전쟁의 중요한 원인 가운데 사람이 먹고 사는 문제를 둘러싸고 벌어진다는 점에서 평화라는 동양적 의미의 어원은 충분히 음미할 가치가 있다.

'전쟁 부재'를 의미하는 소극적 평화와 구조적, 문화적 폭력의 극복을 추구하는 적극적 평화가 만나는 가장 중요한 평화운동의 분야가 바로 군축운동이다. 전쟁은 군인이 무기로 하는 것인 만큼 병력 감축과 살상무기의 사용 금지 및 폐기는 평화운동의 가장 큰 목표이자 방식이다. 특히 1945년 핵무기가 등장한 이후에 반핵운동은 평화운동의 가장 큰 목표이자 분야가 되었다. 핵시대의 개막과 함께 반전반핵이 평화운동의 핵심적인 슬로건이 된 것이다.

그런데 군축운동은 반전운동의 의미를 담으면서도 그것을 넘어선다. 군축은 위에서 언급한 적극적 평화실현과 불가분의 관계에 있기 때문이다. 군인과 무기가 늘어나면 군에 대한 문민통제가 더욱 어려워진다. 이는 민주주의를 위협하는 핵심 요인이 된다. 또한 군비 증강은 군대문화의 확산을 가져와 어린이와 여성, 장애인 등 사회적 약자의 인권 침해로 이어지는 경우도 많다. 군사훈련이 잦아지고 규모가 커지면 해당 지역의 환경 파괴도 야기된다. 무엇보다도 군비 증강은 경제 발전과 복지 향상에 필요한 소중한 자원의 왜곡과 낭비를 초래한다. 예를 들어 2015년 전 세계 군사비는 1조 3천 억 달러에 달했는데, 이 가운데 10%만 줄여도 세계의 빈곤퇴치를 해결할 수 있는 예산을 만들어 낼 수 있다.

반전과 군축을 두 축으로 삼는 평화운동의 핵심 주체는 민간이다. 여기서 민간은 국가와 대칭되는 사회 구성원을 의미하는데, 평화운동 역시 다른 사회운동과 마찬가지로 국가에 대한 감시와 비판을 본연의 임무로 삼고 있다. 이때 민간은 개인일수도 있고, 시민단체, 종교단체, 학생조직과 같이 조직화된 집단일수도 있다. 상황과 사안에 따라서는 국경을 초월해 광범위한 연대조직이 주체로 나서는 경우도 있다.

평화운동을 하는 사람을 평화운동가 혹은 평화활동가라고 한다. 그런데 평화운동가는 꼭 직업적인 활동가만을 의미하는 것은 아니다. 상근 활동가뿐만 아니라 다른 직업을 갖고 있으면서도 반상근, 비상근 활동가로 활약하는 사람들도 많다. 또한 평화단체에 소속되어 있지 않더라도, 개인적으로 평화활동을 벌이는 사람들도 있다. 일례로 1983년 미국의 열세 살 소녀 사만다 스미스는 소련 공산당 서기장에게 '핵전쟁에 반대한다.'는 편지를 보내 세계적인 소녀 평화운동가가 되기도 했다. 또한 정치가, 문학자, 예술인, 연예인 등 대중적인 스타가 반전운동을 벌이는 경우도 많이 있고, 핵무기를 만들었던 사람이 반핵운동가로, 참전 용사가 반전운동가로 변신한 사례들도 어렵지 않게 찾아볼 수 있다.

평화운동은 '민주주의'의 관점에서도 큰 의미를 지닌다. 평화 문제는 정책적으로 외교, 국방 문제와 긴밀히 연결되어 있다. 그런데 오랜 시간 동안 이들 영역은 이른바 국가가 책임져야 할 '고위 정치(high politics) 영역'이라고 불려 왔다. 또한 전문성과 기밀을 요한다는 이유로 시민사회의 개입이 허용되지 않았다. 외교와 국방이 한 국가의 가장 기본적인 공공재임에도 불구하고 민주적 통제의 사각지대처럼 존재해 온 것이다. 그런데 외교와 국방 정책이 소수의 관료나 전문가들에 장악되고 시민사회의 감시와 개입의 여지가 줄어들 때, 공공의 이익에 충실해야 할 공공재가 사적인 이익을 증진시키는 수단으로 전락하는 경우가 자주 발생한다.

전쟁이 일어나면 가장 큰 피해자는 민간인이다. 20세기 전쟁사를 되돌아보더라도 전투원보다 무고한 민간인의 사망률이 압도적으로 높다는 것을 알 수 있다. 그런데 전쟁을 결정하거나 이러한 결정에 영향을 미치는 사람들은 소수의 권력자들인 경우가 많다. 이는 과거 왕정 국가나 파시즘, 그리고 오늘날 독재 국가에만 국한되는 문제가 아니다. 민주주의 국가에서도 종종 나타나는 현상이다. 우선 주권자인 시민이 전쟁과 평화에 관한 정책결정에 미치는 영향력은 그리 크지 않다. 또한 공격적이고 배타적인 국가주의나 민족주의 여론이 평화주의 여론을 압도하는 경우도 종종 볼 수 있다. 정책적으로 평화는 군사안보와 불가분의 관계에 있는데, 군사안보는 민주주의 국가에서도 소수의 정책결정자나 전문가의 영역으로 간주되는 경우도 많다. 평화운동은 이러한 현실을 고발하고 비판적인 여론을 형성해 외교와 국방 분야에서도 민주적 통제, 즉 시민의 참여, 투명한 결정, 평화주의로의 전환 등을 추구한다. 특히 군에 대한 민주적 통제는 민주주의의 가장 큰 토대이다. 평화운동과 민주화운동은 이 지점에서 만나게 되는 것이다.

평화운동은 인권의 측면에서 볼 때에도 중요한 의미를 지닌다. 전쟁과 분쟁은 '인권의 침해' 정도가 아니라 '인권의 말살'을 가져오기 십상이다. 유엔을 비롯해 많은 국제기구들과 인권 단체들이 평화와 인권의 불가분성에 주목했던 이유도 바로 여기에 있다. 이러한 정신은 1984년 11월에 유엔 총회에서 채택된 '인민의 평화권에 대한 선언'(Declaration on the Right of Peoples to Peace)

에 잘 담겨 있다. 이 선언문에는 전쟁 방지와 국제 평화 및 안정의 유지가 유엔의 가장 큰 목적이고, '전쟁 없는 삶이 물질적 복지와 국가의 발전 및 진보, 인권과 자유를 실현케 하는 최우선적인 조건'임을 재확인했다. 이를 위해 모든 사람들은 평화를 누릴 신성한 권리를 갖고 있고, 평화권을 보호 · 증진하는 것은 국가의 근본적인 의무이며, 국가는 전쟁, 특히 핵전쟁의 위협을 제거하고 국제관계에서 무력 사용을 포기하는 방향으로 정책을 세워야 한다고 선언했다.

2. 세계 평화운동의 역사

그렇다면 평화운동은 언제부터 시작된 것일까? 인류 역사, 특히 농경사회의 출현과 함께 전쟁도 시작되었던 만큼 어쩌면 평화운동도 전쟁과 함께 시작되었는지도 모른다. 집총을 거부해 처벌을 받은 사람들에 대한 기록은 기원전에서도 더러 발견할 수 있다. 그러나 조직화된 현대적 의미의 평화운동은 17세기경부터 시작되었다고 할 수 있다. 당시 영국, 네덜란드, 스위스 등 퀘이커, 메노나이트, 재세례파, 형제단 등 훗날 '역사적 평화교회'라 불리는 교파와 여호와의증인은 모든 형태의 폭력을 반대한다고 선언하고는 병역과 전쟁세 납부를 거부했다. 이러한 평화 사상과 활동은 18세기 들어 계몽주의 철학의 발달과 맞물려 유럽을 중심으로 뿌리내리기 시작했다. 이를 거쳐 19세기 초에는 미국과 영국을 중심으로 대중적인 평화운동단체가 생겨나기 시작했다. 이들 단체는 1843년 제1차 국제평화의회(International Peace Congress)를 개최했는데, 이 자리에서 국가 간 문제의 평화적 해결과 이를 위한 국제평화운동단체의 결성을 결의했다. 이후 미국의 시민전쟁과 크림반도에서의 전쟁을 거치면서 평화운동도 점차 대중적이고 국제적인 위상을 확보하기 시작했다.

20세기 들어서 민족해방운동이 평화적인 방식으로 전개된 것도 주목할 만하다. 인도의 간디는 비폭력 저항운동을 주도해 인도뿐만 아니라 전 세계에 걸쳐 평화운동의 새로운 이정표를 세웠다. 평화와 그 운동의 정신으로서 비폭력주의를 뿌리내리게 하는 데 결정적인 역할을 한 것이다. 이와 비슷한 시기에 한국에서도 대규모의 비폭력 저항운동이 전개됐다. 바로 3 · 1운동이다. 총검을 든 일제에 맞서 비폭력 방식으로 전개된 3 · 1운동은 이후 중국의 5 · 4운동에 큰 영향을 미치기도 했다.

1914년에 발발한 1차 세계대전은 평화운동의 성장과 시련을 동시에 가져왔다. 유럽에서 사회주의자들은 전쟁을 자본가의 탐욕으로 규정하고 반전운동을 전개했다. 전쟁이 유럽 전체로 번지자 영국의 자유주의 지도자들은 국제사회연맹(League of Nations Society)을 조직해 분쟁의 평화적인 해결을 촉구했다. 미국에서도 유사한 기구가 만들어져 이러한 운동에 동참했다. 미국과 유럽의 교회들도 조속한 종전을 촉구했다. 여성들도 다양한 조직을 만들어 여성주의 관점에서 평화운동을 전개했다. 1

차 대전 중에 미국에선 미국친우봉사회(American Friends Service Committee)가 발족되었는데, 이 단체는 오늘날에도 대표적인 평화단체로 활약하고 있다. 하지만 당시 평화운동은 유럽을 휩쓴 애국주의 열풍을 막기에는 역부족이었다.

1차 대전이 1천만 명에 달하는 어마어마한 사망자를 초래하자, 이런 야만적인 전쟁이 두 번 다시 일어나지 말아야 한다는 각성이 유럽과 미국을 중심으로 일어났다. 오늘날까지도 국제 반전평화운동을 주도하고 있는 전쟁 저항자들 국제연합(War Resisters' International)과 평화와 자유를 위한 국제여성연맹(Women's International League for Peace and Freedom) 등이 이때 조직되었다. 또한 많은 작가들은 전쟁의 참상과 평화를 염원하는 작품들을 쏟아내 평화주의를 확산하는 데 크게 기여했다.

하지만 인류는 곧 더 큰 재앙에 직면하고 말았다. 1939년 2차 세계대전이 터진 것이다. 이 시기에도 일부 단체들과 인사들이 '반전'을 외쳤지만, 2차 대전은 평화운동의 암흑기라고 해도 과언이 아니었다. 심지어 여러 평화단체들이 '반전' 입장을 철회하기도 했다. 사회주의 계열의 단체였던 미국평화행동(American Peace Mobilization)은 나치 독일의 히틀러가 소련을 침공하자 소련의 보복전쟁을 지지했다. 일본이 하와이의 진주만을 공격했을 때에는 미국의 일부 단체들이 재미 일본인의 강제수용을 지지하기도 했다. 당시 대표적인 평화사상가였던 러셀(B. Russel)은 '상대적 평화주의'라는 이름하에 나치 독일을 물리치기 위한 전쟁은 불가피한 것이라고 주장하기도 했다. 당시 평화주의자들의 고민은 아인슈타인(A. Einstein)의 말에 잘 담겨 있다. "저는 모든 군대와 폭력을 증오합니다. 하지만 지금 현재에는 이러한 증오의 무기가 유일하고도 효과적인 보호수단이라는 점에 동의하지 않을 수 없습니다."

2차 대전은 히틀러의 사망과 함께 미국이 일본의 히로시마와 나가사키에 핵폭탄을 투하하면서 끝났다. 소련의 참전이 일본의 항복 선언에 더 큰 영향을 미쳤지만 말이다. 핵무기의 등장은 평화운동의 중대한 전환점이었다. 단 두 발의 핵폭탄으로 도시 전체가 쑥대밭이 되고 20만 명이 넘는 사람들이 목숨을 잃자, 핵무기와 인류 생존은 양립할 수 없다고 여겼던 것이다. 초기 반핵운동은 핵무기의 위험성을 누구보다도 잘 알고 있는 핵물리학자들이 주도했다. 루즈벨트(F. Roosevelt) 미국 대통령에게 편지를 보내 핵무기 개발을 촉구했던 아인슈타인은 2차 대전 이후에는 반핵운동가로 변신했다. 아인슈타인과 쌍벽을 이뤘던 보어(N. H. D. Bohr)는 "전 세계 과학자들이여 단결하라."고 외치며 핵과학자협회를 만들었다. '핵폭탄의 아버지'로 불렸던 오펜하이머(J. R. Oppenheimer) 맨해튼프로젝트 연구소장도 이후에는 '핵군축의 아버지'가 되고 싶어 했다.

1949년 8월에는 소련이 핵실험에 성공하면서 핵확산에 대한 우려는 기우가 아니라 현실이 되었다. 이에 따라 반핵운동도 전 세계적으로 퍼져 나가기 시작했다. 그해 10월, 핵폭탄이 최초로 떨어진 히로시마에서는 핵무기 폐기를 촉구하는 최초의 반핵집회가 열렸다. 이듬해에는 사회주의 계열의 세계평화위원회(World Peace Council) 주도로 핵무기를 금지하는 청원서에 무려 5억 명이 서명한 결과가 발표되기도 했다. 그럼에도 불구하고 미국과 소련은 경쟁적으로 핵실험을 실시했다. 당시엔 지하보다는 대기권과 지상, 수중 핵실험이 빈번했다. 그에 따라 이상 기후와 기형아 출산이 눈에 띄게 늘었고, 슈바이처(A. Schweitzer) 박사를 비롯한 많은 의사들도 반핵운동에 동참했다.

1954년 3월 1일에는 미국이 태평양의 비키니 섬에서 수소폭탄 실험을 강행했다. 이때 만들어진 버섯구름은 폭 150km, 높이 80km에 달했고, 인근에서 조업 중이던 일본 어부들이 피폭되어 사망하는 사태까지 벌어졌다. 이를 계기로 일본에서는 반핵운동이 거세게 일어났다. 그래서 원수폭금지 일본협의회(원수협), 원수폭금지 일본국민회의(원수금)와 같은 수십만 명의 회원을 거느린 반핵단체들이 생겨났고, 이들 단체는 매년 3월 1일 '비키니데이'와 히로시마 및 나가사키에 원폭이 투하된 8월 6일과 9일, 세계적 규모의 반핵집회를 개최하고 있다. 또한 미국의 분별 있는 핵정책을 위한 전국위원회(National Committee for a Sane Nuclear Policy)와 비폭력행동위원회(Committee for Non-Violent Action), 영국의 핵폐기 캠페인(Campaign for Nuclear Disarmament), 초국적 단체인 퍼그워시(Pugwash) 등 저명한 반핵단체들이 생겨났다.

이들 단체는 대규모 반핵집회 개최, 신문광고, 시민 불복종운동 및 핵무기 시설에서의 철거시위, 핵실험 지역에서의 해상시위 등 다양한 방법을 통해 반핵운동을 전개했다. 이러한 운동은 언론을 통해 전 세계에 알려졌다. 그러자 핵무기 사용에 대한 미국 여론도 바뀌기 시작했는데, 1950년대 중반에는 선제 핵사용에 대한 반대여론이 과반수를 넘어서기도 했다.

이러한 성장에 힘입어 반핵운동은 평화운동의 핵심 축으로 자리 잡았다. 특히 1980년대 초에는 역사상 최대 규모의 반핵집회가 미국, 유럽, 일본의 대도시에서 열렸다. 발단은 미국이 중거리 핵미사일인 퍼싱-2를 유럽에 배치하겠다고 발표하면서 비롯됐다. 그러자 유럽 대도시에서는 수십만 명이 참여하는 반핵집회가 연이어 열렸고, 미국에서도 이에 동참하는 움직임이 크게 일어났다. 당시 반핵운동의 슬로건은 '핵을 동결하라(Freeze Nuclear)'였다. 또한 미국의 레이건 행정부가 전면적 핵전쟁에 대비한 '전략방위구상(SDI)', 일명 '스타워즈'를 천명하자 반핵운동의 중심지는 미국으로 옮겨 가기도 했다. SDI는 소련의 핵미사일을 우주에서 레이저빔으로 요격하겠다는 구상이었는데, 오늘날 미사일방어체제(MD)와 흡사한 개념이다. 이러한 MD 구상은 군비경쟁을 격화시키고 전쟁 위기를 고조시킬 수 있다는 우려를 낳으면서 오늘날까지 반핵평화운동의 핵심적인 대상이 되고 있다. 1980년대 중반에는 과학자들이 미소 간의 핵전쟁 발발 시 지구는 핵겨울(nuclear winter)에 직면할 것이라는 연구 결과를 발표해 반핵운동에 또 하나의 이론적 토대를 제공하기도 했다. 이러한 반핵운동은 미국이 SDI를 철회하고 소련과 핵군축 협상에 나서게 하는 데 지대한 공헌을 한 것으로 평가받고 있다.

미소 냉전 해체 이후 반핵운동은 핵무기의 완전한 폐기를 촉구하는 방향으로 진화되고 있다. 초점은 핵무기 폐기를 명시한 국제조약 체결에 맞춰졌다. 1972년 발효된 핵확산금지조약(NPT)은 비핵국가의 핵무기 개발을 금지하면서도 핵보유국의 핵무기 폐기 및 사용 금지를 명시하지 않고 있다. 이에 따라 반핵단체들은 NPT를 핵무기금지조약(NWC)으로 바꿔야 한다는 운동을 지속적으로 전개하고 있다.

이러한 반핵운동은 핵무기를 '금기의 무기'로 만드는 데 크게 세 가지 측면에서 기여했다. 첫째, 반핵운동은 핵무기에 대한 정확한 정보와 기존의 인식과는 다른 해석을 내놓음으로써 대중들의 계몽에 크게 기여했다. 특히 핵무기가 초래할 보건, 의학, 환경상의 문제를 집중적으로 제기함으로써 핵무기는 비인도적인 무기라는 인식을 확산시켰다. 둘째는 핵무기에 대한 도덕성의 문제를 집중적으로 부각시켰다. 이들은 핵무기가 인류 절멸의 무기가 될 수 있다는 점을 인식하고, 이들 무기의 사용을 금지하고 궁극적으로 폐기하는 것은 인류사회의 도덕률에 부합한다고 강조했다. 셋째는 정부에 대한 압박이다. 핵무기는 인류 전체의 생존과 직결되어 있기 때문에 한 나라의 주권의 영역이라 볼 수 없고 인류 공동의 문제라는 점을 부각시켜, 핵무기에 안보정책을 의존하려는 정부들에 대한 비판과 압력을 증대시켰다. 이러한 반핵운동의 노력은 핵무기 사용에 대한 핵보유국의 부담을 크게 높였고, 여러 나라들로 하여금 각종 핵군축 조약에 나서게 만들었다.

민간 평화운동은 아니지만 세계 평화운동사에서 주목할 만한

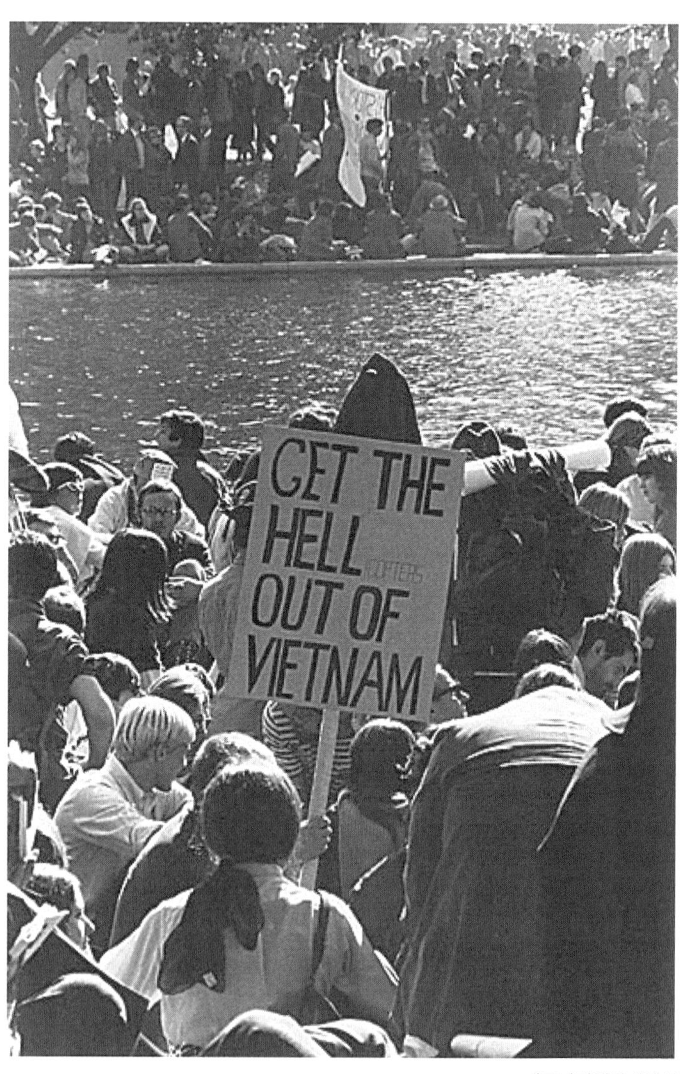

● 베트남전쟁반대집회

사례가 있다. 제3세계 국가들이 주도한 '비동맹운동'이 바로 그것이다. 동맹은 기본적으로 '공동의 적'에 기반을 둔 집단 안보체제고, 냉전은 동맹의 정치를 전 세계로 확대시키고 있었다. 그에 맞선 비동맹운동은 미국이나 소련 어느 편에도 가담하지 않고 세계 평화를 위해 독자적인 목소리와 역할을 찾고자 한 일종의 평화운동이었다. 이러한 비동맹운동은 이념 대결과 세력권 다툼, 그리고 군비경쟁으로 점철된 세계 냉전사의 흐름을 바꾸는 데 결정적인 역할을 했다. 냉전으로 표현되는 분단된 세계에서 때로는 양 진영의 화해협력을 촉구하는 가교로서, 때로는 양 진영의 갈등 확산을 차단하는 완충지대로서, 때로는 양 진영과는 다른 목소리는 내는 제3의 세력으로서의 역할을 수행한 것이다.

비동맹운동은 1954년 6월, 인도의 델리에서 중국의 저우언라이(周恩來)와 인도의 네루(Javāharlāl Nehrū)가 만나면서 시작되었다. 이들은 상호존중과 평화공존을 비롯한 '평화 5원칙'을 발표하였고, 아시아와 아프리카의 많은 나라들이 이에 호응하면서 비동맹운동이 본격화되었다. 1955년 인도네시아 반둥에서 열린 1차 회의에는 아시아와 아프리카 29개국 대표들이 모여 반식민주의, 반제국주의, 비동맹주의를 정신으로 삼으면서 '평화 10원칙'을 발표했다. 이러한 흐름은 아시아와 아프리카 일대에서 일어난 독립운동과 맞물려 전 세계적인 파장을 일으켰다. 이른바 제3세계 국가들의 연대는 미국 중심의 제1세계와 소련 중심의 제2세계로 짜인 세계 질서에서 독자적인 영역을 구축해 낸 것이다. 미국과 소련은 비동맹운동을 의식하지 않을 수 없게 되었고, 강대국들의 영향력 아래에 있었던 유엔 내에서도 제3세계의 목소리가 강해졌다.

20세기 평화운동의 가장 대표적인 사례는 베트남전쟁반대운동이다. 최초의 운동은 1962년 미국 단체인 세계노동자당(Workers World Party)이 남베트남 주둔 미군철수 운동을 벌인 것이었다. 초기 미국 내 베트남전쟁반대운동은 노동단체, 사회주의 계열 단체, 가톨릭이 주도했다. 그럼에도 불구하고 1965년 미국이 베트남 전쟁에 본격적으로 뛰어들자 반전운동은 미국 전역으로 퍼져 나갔다. 워싱턴과 뉴욕 등 대도시에서 연일 반전집회가 열렸고, 많은 젊은이들은 입대를 거부했다. 더구나 당시 미국에서는 인종차별 철폐운동이 거세게 일어나고 있었는데, 자연스럽게 베트남전쟁반대운동과 연대하게 되었다. 대중 스타들도 반전 대열에 합류했다. 대표적인 사례가 1969년 8월에 뉴욕에서 열린 우드스탁(Wooodstock)이다. 이 록 페스티발에는 무려 40만 명이 넘는 사람들이 참여해 조속한 베트남 전쟁 종결을 촉구했다. 이렇듯 미국을 비롯한 전 세계적인 반전여론이 일어나고 미국이 베트남에서 고전을 면치 못하면서 결국 미국은 베트남에서 철수하게 되었다.

최근 평화운동 사례에서 특기할 만한 것은 이라크전쟁 반대운동이다. 미국의 조지 W. 부시 행정부가 2003년 들어 이라크 침공을 강행할 움직임을 보이자, 전 세계 도처에서는 광범위한 반전운동이 일어났다. 비록 사상 유래를 찾아볼 수 없는 반전운동에도 불구하고 부시 행정부는 이라크 침공을 강행했지만, 이것이 곧 반전평화운동의 실패를 의미하지는 않았다. 전쟁 개시 전인 2003년 2월 15일과 3월 15일 한 달 사이에 전 세계 수백 개 도시에서 수천만 명이 참여한 반전시위는 미국의 '전쟁 동맹' 계획에 치명타를 가했다. 이 운동은 많은 국가들이 미국에 줄서는 것을 포기하고 중립을 유지하거나 반전 연대에 동참하게 만드는데 큰 기여를 한 것이다.

또한 미영 연합군의 이라크 침공 이후에도 이들의 무차별적인 폭격을 조금이나마 완화시키는 데에도 평화운동가들의 활동과 국제사회의 반전여론은 큰 역할을 했다. 특히 일부 평화활동가들은 이라크에 직접 들어가 반전운동을 전개했다. 이로 인해 하늘에서 내려다보는 폭격기 조종사의 시선이 아니라 폭탄과 미사일이 떨어지는 피해자들의 시선에서 이라크전쟁을 바라볼 수 있었다. 전쟁의 참혹함이 방송 화면과 SNS를 통해 실시간으로 전해지면서 국제사회의 반전여론이 더욱 높아진 것이다. 아울러 이라크 파병 문제에 있어서도 반전평화운동과 여론은 큰 변수로 작용했다. 미국이 각국에 파병요청을 했을 때, 반전평화운동과 반전여론은 파병 요청을 받은 정부들이 파병 거부하거나 신중한 태도를 보이게 하는데, 심지어 파병 결정을 내린 정부들이 이를 철회하게 하는 데 결정적인 역할을 한 것이다.

이러한 이라크 반전운동의 가장 두드러진 특징은 "전쟁이 시작되기 전에 전쟁을 막아야 한다."는 '예방운동'의 형태로 나타났다는 점이다. 이는 정확히 부시 행정부의 '예방전쟁'에 대한 인류사회의 대응이라고 할 수 있다. 예방전쟁이란 어떤 세력이 미래에 위협이 될 수 있다고 여기고는 그 세력을 제거하기 위한 선제적으로 전쟁을 감행한다는 논리다. 이는 마치 어떤 청소년이 크면 나를 해칠 수 있다고 여겨 그 청소년을 살해하는 행위에 비유될 수 있다. 이게 정당방위가 아니라 고의적 살인에 해당되는 것처럼 예방전쟁 역시 국제법적으로 불법이다. 그럼에도 불구하고 미국이 이라크가 미래의 위협이 될 수 있다는 이유로 침공을 강행하려고 하자 반전평화운동 진영은 예방운동으로 저항했던 것이다.

이라크전쟁 이후에도 세계의 평화운동은 다양한 방면으로 전개되고 있다. 여기에는 이라크전쟁의 조속한 종식, 미국과 이스라엘의 이란 폭격 움직임 반대 및 이란 핵 문제의 평화적인 해결, 리비아 및 시리아 내전에 대한 서방국가들의 군사적 개입 반대, 미국 주도의 미사일방어체제(MD) 구축 기도 반대, '핵무기 없는 세계'의 조속한 실현, 군사비 축소를 통한 세계 빈곤퇴치 및 기후변화 대응 예산 마련 등이 있다. 또한 소총 등 소형무기와 소년병 확산을 인류사회가 직면한 가장 실질적인 위협이라고 보고 이들 문제해결을 위해 노력하고 있다. 이 가운데 여러 분야에서 성과를 거두기도 했지만, 지구촌 곳곳은 여전히 많은 전쟁과 분쟁, 테러로 고통을 받고 있다.

특히 미국 주도의 '테러와의 전쟁'은 평화운동 진영에도 새로운 숙제를 던져 주고 있다. '테러와의 전쟁'은 미국이 2001년 발생한 9.11 테러에 대한 보복으로 나온 것이다. 그런데 '테러와의 전쟁'은 테러를 근절하기보다는 오히려 테러가 확산되고 극단주의로 치닫는 결과를 낳고 있다. 테러와 보복이 피의 악순환을 형성하면서 '더 이상 안전한 곳은 없다.'는 말이 나올 정도로 말이다.

그리고 오늘날 인류사회는 이슬람국가(IS)라는 거대 테러조직을 어떻게 상대해야 하느냐는 절박하고도 골치 아픈 질문에 직면해 있다. IS는 이라크와 시리아 영토의 상당 부분을 장악하고는 '칼리프국가'를 자처하고 있다. 수십 개 국가에 수백 개 조직을 갖춘 국제 조직이고, 이슬람 청년뿐만 아니라 세계 도처의 많은 청소년들이 조직원으로 가입하고 있다. IS와 직접적인 연계가 없는 자생적인 IS 추종자들도 있다. 테러 방식 역시 집단 참수와 관련 영상 공개, 여성 노예화 및 집단 강간, 민간인에 대한 무차별적인 공격 등 야만의 극치를 보여 주고 있다. 이로 인해 IS는 인류사회 공동의 적으로 낙인찍혀 있다.

IS에 대한 국제사회의 대응은 전쟁에 초점이 맞춰져 있다. 미국은 2014년 9월부터 IS 근거지에 대한 폭격을 감행하고 있고, 여객기 격추 및 러시아, 파리 등지에서의 테러 사건 이후에는 유럽 국가들도 대거 가세하고 있다. 그러자 IS는 이들 나라를 '십자군동맹'이라고 부르면서 이슬람 대 기독교 사이의 문명 간의 충돌로 비화시키려고 한다.

이에 대한 평화운동 진영의 기본적인 시각은 "전쟁은 답이 아니다(War is not answer)."이라는 말로 압축된다. IS가 서방세계가 일으키거나 개입한 이라크 침공, 리비아 및 시리아 내전이 결합된 산물인 만큼, 전쟁의 확대는 IS 등 극단적인 테러조직의 강화와 확산만 가져온다는 논리이다. 이에 따라 평화운동 진영은 테러의 근본적인 해결책은 이슬람뿐만 아니라 세계 도처에 만연한 억압과 차별을 폐지하고 약자들의 절망과 분노를 치유하는 길에서 찾아야 한다고 역설한다. '실패한 국가들'이 되어 IS의 온상이 되고 있는 이라크, 시리아, 리비아의 조속한 정상 국가화, 이슬람 분노의 근원이 되어 온 이스라엘-팔레스타인 분쟁의 조속한 해결, 부의 불평등 완화 및 안정적인 일자리 창출 등을 통해 청소년들이 IS 등 테러조직에 가입하는 동기 자체를 해소하려고 노력해야 한다는 것이다.

3. 평화운동의 방식과 특징

평화운동은 평화로운 방식으로!

이 슬로건에서 알 수 있듯이 평화운동은 비폭력적이고 평화적인 실천을 가장 기본적인 운동 방식으로 채택하고 있다. 이는 일부 국가나 집단이 평화를 위해 전쟁을 벌이거나 무장폭력 행동에 나서는 것과 대비되는 특징이다. 물론 평화운동 내의 비폭력 평화주의에는 긴장이 내포되어 있다. 저항과 의사 표현 과정에서 법의 테두리에서 벗어나거나 때때로 과격한 방식도 동원될 수 있기 때문이다. 실제로 공공시설 침범과 훼손, 공무집행 방해, 집회와 시위에 관한 법률 및 도로교통법 위반 등의 혐의로 입건되는 사례를 심심치 않게 볼 수 있다. 특히 이러한 현상은 집회와 표현의 자유가 제대로 보장되지 않는 나라에서 많이 발생한다.

이와 같은 저항과 준법 사이의 긴장은 모든 사회운동이 안고 있는 현실적인 딜레마이다. 합법적인 방식만으로는 저항을 통한 의사 표현과 목적 달성이 제대로 이뤄지지 않는 경우가 많기 때문이다. 대표적인 사례가 양심에 따른 병역거부이다. 한국처럼 대체복무를 인정하지 않는 나라에서는 그것은 병역법 위반이지만 병역거부를 한 사람에게는 신체의 구속을 각오한 양심에 따른 행동이 되기 때문이다. 이에 따라 많은 나라에서는 양심에 따른 병역거부를 인정하고 다른 방식을 통한 사회적인 기여를 제도화하고 있다. 이는 불복종을 통한 법과 제도의 개선을 이끌어낸 대표적인 사례라고 할 수 있다. 자신이 내는 세금이 전쟁에 쓰일 수 있다며 납세의 의무에 대해 불복종운동을 전개하는 것도 비슷한 사례라고 할 수 있다. 영국의 반핵운동가들이 핵미사일 기지에 침입해 일부 시설을 훼손한 사례도 있다. 이들 사례는 평화운동이 현행법의 테두리에 한정되지 않음을 보여 주고 있다.

평화활동가들은 이처럼 저항의 과정에서 위법의 소지가 있더라도 철저하게 평화적 방식을 고수하려고 노력한다. 가령 군사기지 건설을 막으려는 평화행동을 생각해 보자. 공사장 정문에서 공사 차량의 출입을 막기 위해 활동가와 주민이 팔짱을 끼고 서 있는 경우를 우리는 종종 볼 수 있다. 이 과정에서 경찰이나 용역과 몸싸움을 벌이거나 고성이 오가는 경우는 있지만, 쇠파

이프, 돌, 화염병 등으로 이들에게 물리적인 피해를 입히는 경우는 거의 없다. 이처럼 공무집행 방해로 벌금이나 구속이라는 불이익을 각오하는 비폭력 저항은 평화운동의 가장 고유한 실천 방식이다.

대부분의 사회운동이 그렇듯이 평화운동 역시 믿고 의지할 곳은 민중의 힘(people's power)이다. 권력자와 대비되는 개념으로서의 민중(혹은 인민)은 평화운동의 주체이자 가장 중요한 대상이다. 직접민주주의 국가가 아닌 한, 정책결정의 주체는 권력자들이다. 하지만 그러한 정책결정에 가장 큰 영향을 받는 사람들은 일반 사람들이다. 이러한 불일치의 간극을 메우기 위해서 평화운동은 여론을 형성하고 확대해 국가의 정책결정에 영향을 미치려고 노력한다. 반전평화 여론이 커질수록 민주주의 국가에서는 국민들의 의사에 반하는 결정을 내리기가 쉽지 않다고 여기기 때문이다.

이러한 관점에서 볼 때 평화교육도 평화운동의 중요한 부분 가운데 하나다. 평화문화가 정착된 나라에서는 학교 등 제도권 교육 현장에서 평화교육을 실시한다. 또한 평화단체들은 평화 교재를 개발해 학교에 배포하기도 하고, 별도의 대중교육 프로그램을 만들기도 한다. 이러한 평화교육은 학생과 대중에게 전쟁의 비극과 평화의 소중함을 일깨워 평화문화 확산에 기여하고 있다. 또한 평화교육 프로그램은 평화단체 회원을 확대하고 활동가를 육성하는 장으로도 기능한다.

평화운동에서는 반전평화 여론을 형성하고 확대하기 위해 다양한 노력을 펼치고 있다. 1인 시위에서부터 많은 사람들이 참여하는 집회는 가장 기본적인 방식이다. 또한 대중들을 상대로 한 강연, 세미나, 유인물 배포, 언론 기고 및 출연, 인터넷과 SNS 활용 등 다채로운 방식이 동원되고 있다. 단순한 반대를 넘어 대안을 제시함으로써 여론과 정책의 변화를 시도하는 정책개발 노력도 이뤄지고 있다.

이 가운데 주목할 것이 인터넷과 SNS이다. 인터넷은 본래 미국 국방부(Pentagon)가 정보전 시대에 대비해 1960년대에 만든 것이다. 그런데 전쟁의 도구인 인터넷은 평화운동의 가장 강력한 수단이 되고 있다. 과거 정부에서 정보를 독식하면서 선과 악, 전쟁과 평화를 해석하던 시대는 인터넷의 대중화와 함께 종말을 고한 것이다. 일반 시민들이 인터넷을 통해 정보 접근이 용이해졌고, 각종 정보와 의견을 웹사이트와 이메일 등을 통해 다른 사람들에게 전달하고, '행동'이 필요할 경우 온-오프라인을 가리지 않고 수시로 조직화되고 있는 것이다.

인터넷에 기반을 둔 평화운동은 이라크전쟁 당시에 잘 드러났다. 미국의 참전 군인을 아들로 둔 어머니들이 주축이 되어 만들어진 '전쟁을 반대하는 어머니의 모임' 회원들이 부시 행정부의 이라크 침공을 전후해 하루 평균 7~8시간을 컴퓨터 앞에 앉아 반전운동을 주도한 것이다. 이라크 참전 미군들이 노트북을 들고 실시간으로 정보와 명령을 주고받으면서 새로운 형태의 전쟁을 벌였듯이, 반전평화운동 진영과 일반 시민들도 인터넷으로 실시간 정보를 주고받으면서 정보 확산과 저항에 나선 것이다. 이러한 정보통신기술(ICT)을 이용한 평화운동은 스마트폰의 세계적인 확산과 페이스북, 트위터 등 SNS의 확산에 힘입어 더욱 각광받고 있다. 무엇보다도 이 방식은 비용을 적게 들이고도 효과적으로 평화운동의 목표와 활동을 알릴 뿐만 아니라 대중의 참여를 이끌어 내는 수단이기 때문이다.

정책결정의 주체인 정부와 입법권 및 예산권을 갖고 있는 국회(의회)도 평화운동의 주된 대상이다. 평화운동은 정부와 국회를 설득, 압박하기 위해 다양한 방식을 동원한다. 위에서 설명한 대중 집회나 SNS 활동은 전형적인 방식이다. 또한 정부 관계자나 국회의원과의 면담, 정책 대안제시 등도 유력한 방식이다. 아울러 정부와 국회를 상대로 입법 청원을 하거나 반대로 입법 반대운동을 벌이기도 한다. 민주주의 국가에서는 선거가 가장 강력한 수단인 만큼 평화를 옹호하는 정치인들에 대한 지지, 반대로 평화를 해치는 정치들에 대한 비판 및 낙선 운동도 전개하곤 한다.

평화활동가들이 정부 정책을 비판하면서 많이 듣는 말이 "그럼 대안이 뭐냐."는 것이다. 이에 따라 평화운동은 정책 대안 제시를 대단히 중시한다. 평화단체 자체적으로 정책 대안을 만들기도 하고 전문가들과 함께 이 작업을 수행한다. 이러한 정책 대안 제시 활동은 때로는 정부의 정책 방향을 바꾸기도 하고, 때로는 정부 정책에 반영되기도 한다. 특히 평화운동이 제시하는 정책 대안에 공감하고 지지하는 국민들이 많아질수록 영향력도 커지는 속성이 있다.

대중문화도 평화운동에 크게 기여해 왔다. 예를 들어 비틀즈 멤버 출신인 존 레논은 '이매진'(Imagine), '평화에게 기회를'(Give peace a chance) 등과 같은 노래를 불러 전 세계 많은 이들의 평화 감수성을 일깨워 줬다. 전쟁의 참상을 다룬 영화, 다큐멘터리, 시와 소설과 같은 문학작품 등은 대중들에게 반전평화의 필요성을 전달하는 가장 효과적인 방식이다. 때로는 사진작가의 사진 한 장, 화가의 그림 한 장이 많은 사람들의 공분과 공감을 불러

일으키기도 한다. 2015년 시리아를 탈출한 난민 가족의 아기가 해변에 엎드린 채 죽은 모습을 담은 사진 한 장이 많은 국가들의 난민 정책을 바꾼 사례처럼 말이다.

끝으로 국제연대도 평화운동의 빼놓을 수 없는 방식이다. 전쟁과 군비경쟁이 주로 국가 간 관계에서 일어나고 있는 만큼 국경을 넘어선 지구촌 시민들의 연대는 평화운동의 가장 중요한 방식이자 목표다. 국제연대는 전 세계 주요 지역에서 동시다발적인 집회를 여는 등 일시적 방식으로 이뤄지기도 하고, 여러 단체와 사람들이 연대기구를 구성해 활동하기도 한다. 또한 단일한 국제 평화단체를 만들어 상시적인 활동을 전개하기도 한다.

제3장

평화학과 평화운동은 일촌

지금까지 평화학과 평화운동을 알아보았는데, 이 둘은 어떤 관계인지 잠시 생각해 보자. 둘은 같으면서도 다르다.

먼저 같은 점을 생각해 보자. 평화학과 평화운동은 목적에서 동일하다. 둘 다 폭력 종식과 평화 증진을 추구한다는 점이 같다. 또 관심 범위도 거의 동일하다. 목적이 같으니까 관심 범위도 유사할 수밖에 없다. 평화학과 평화운동은 모두 폭력과 평화에 관한 사유와 실천이다. 평화학이 학문이고 평화운동이 실천이니까 그에 따라 각각이 다루는 폭력과 평화가 다를까. 그렇지 않다. 물론 학문과 실천이라는 점에서 둘은 차이가 있지만, 평화학은 실천에 귀 기울이는 학문이고 평화운동은 이론에 자극받는 실천의 성격을 갖고 있다. 목적과 관심 범위가 같다면 평화학과 평화운동이 수행하는 방법상의 차이는 기술적인 문제로 볼 수 있다. 학문과 운동이 갖는 각각의 특성과 방법론은 그 둘의 공통점, 즉 추구하는 목적에 복무하는 다양한 접근방식의 차이에 불과할 수 있다.

그럼 평화학과 평화운동이 보이는 차이는 무엇인가. 둘은 평화를 지향하는 태도와 방법이 다르다. 평화학은 주로 관찰과 조사를 바탕으로 논리를 세워 폭력과 평화에 관한 문제를 다룬다. 그에 비해 평화운동은 폭력과 평화에 관한 사건에 개입하거나 경우에 따라서는 사건을 일으키는 방식으로, 즉 실천을 통해 평화를 추구한다. 도식적으로 말하자면 평화학은 이론과 논리, 평화운동은 현장과 실천을 상대적으로 더 강조한다. 또 평화학은 객관성, 평화운동은 주관성을 보다 강조하는 경향이 있다. 그러나 이런 구분이 과연 정확하고 타당한지 의문을 가져 봄직하다.

평화학과 평화운동은 그 방법에서 차이가 난다고 하지만, 둘 사이에 어떤 관련성이 있는지는 생각해 볼 일이다. 먼저 평화학이 평화운동에 들어가는 방식이 있다. 가령 평화학은 '참여관찰'이라는 방법을 통해 사건이 발생하는 현장, 평화운동이 전개되는 현장에 들어가 연구주제에 대해 생생하고 보다 정밀한 관찰을 할 수 있다. 일제시기 강제 성노에 관련 피해 할머니들, 탈북자, 실향민, 군사기지 건설 반대운동, 핵발전소와 고압송전탑 반대운동을 하는 지역 주민들, 또는 민중들의 생존권 투쟁 현장에 연구자가 참여해 관련 정책결정집단과 사회적 약자들과 대화하면서 문제의 본질과 사태 전개 과정을 보다 온전하고, 보다 깊이 파악할 수 있다. 참여관찰을 해 보면 책에만 의존한 연구가 얼마나 한계가 큰지를 실감할 수 있다. 참여관찰로 관련 이슈에 대한 거시적 차원이 미시적 차원과 만나는 지점, 정치적 측면이 개인적 측면과 빚어내는 양상, 과거 문제가 오늘의 삶에 주는 영향 등을 생생하게 이해하고 분석할 수 있다. 이는 평화학이 주로 문서와 이론을 이용해 주장을 세운다는 통념과 거리가 있는 방법이다.

이와 반대로 평화운동이 평화학의 방법을 취할 수도 있다. 예를 들어, 아시아·태평양 지역의 미군기지가 해당 지역 주민들의 삶에 미치는 영향을 파악하고 거기에 보다 효과적으로 대응하는 방법을 강구하기 위해서는 그에 관한 평화학자들의 선행 연구 결과를 참고하거나 관련 전문가의 자문을 구할 수밖에 없다. 미군기지가 있는 고장에서 일어나는 환경오염, 지역 주민이 입은 인권 침해, 해당 국가의 관련 법제도와 정책, 지역 주민들의 대응, 미군의 반응 등과 같은 요소들이 결국 미군기지가 있는 지역 주민의 삶에 어떤 영향을 미쳤는지를 파악하는 일이 구체적인 평화운동에 앞서 할 일이다.

평화운동은 그에 관한 연구 성과를 참고해 새로운 사건이 발생하는 곳에 적절한 운동의 방향과 연대활동의 방식을 모색할 수 있을 것이다. 물론 평화운동이 보다 효과적인 대응을 하고 폭넓은 연대를 만들어 갈 때 평화학자들의 연구 결과에만 의존하는 것은 아니다. 양심적인 법률가, 예술가, 그리고 평범한 주민들의 재능기부와 물질적인 지원 등 다양한 지지와 연대가 일어날 수 있다. 그렇지만 평화를 전문으로 연구하는 학자들의 지식과 통찰 없이 평화운동이 전진하기는 힘들 것이다. 한국의 여성 평화운동은 운동가와 전문가의 협력을 잘 보여 주고 있다. 이렇게 본다면 평화학이 객관성이 강하고 평화운동은 주관성이 강하다는 구분도 적절하지 않다. 둘은 모두 사람들 사이의 관계와 그 관계가 만들어 내는 맥락에 주목한다는 점에서 간주관성(間主觀性, inter-subjectivity)을 다같이 갖고 있는 것이다.

평화학과 평화운동은 그 목적과 관심 범위가 같고, 다만 그 방법에서 차이가 있을 뿐이고 방법상에서도 호환할 수 있는 측면들이 존재한다. 그렇다면 평화학과 평화운동은 어떤 관계일까. 당연히 둘의 고유 영역을 존중하며 공통의 목적을 향해 상호 보완하고 협력하는 관계가 필요하고 또 가능하다. 평화학이 평화운동이 만들어 내는 개인과 지역사회의 묵직하고 생생한 이야기를 외면하고 공론을 일삼는다면 그것은 이미 평화학이 아니다. 평화운동이 평화학이 쌓아놓은 지혜와 통찰의 옷을 입지 않고 개별 사건에 파묻힌다면 그 앞날은 밝지 않을 것이다. 평화학과 평화운동은 공존공생하며 함께 풍성해지는 일촌친구 사이가 아닐까.

II

한국의 평화학과 평화운동

Peace Studies & Peace Movement

제1장

한국의 평화학

1. 한국 평화학의 태동과 현황*

한국 평화학의 등장 배경

제 I 부 1장에서 살펴본 평화의 정의와 평화학의 특성을 전제로 할 때, 평화를 질서정연한 사회 혹은 전쟁 부재로 정의하고, 평화학을 특정 사회 혹은 국가의 문제로 한정하는 것은 부적절하다. 물론 군사적 대치 상태가 지속되고 있는 한반도에서 전쟁 재발 방지는 대단히 중요한 평화학의 관심사이다. 그럼에도 불구하고 그것만을 한국의 평화학라고 말하는 것은 적절하지 않다. 분단과 지정학적 특성으로 인해 한국 평화학에서 안보연구가 차지하는 위상을 무시하는 것은 아니다. 다만, 한국의 특수 환경을 강조하더라도 안보연구를 평화연구로 치환하는 것은 앞

---

* 이 절에서의 논의는 서보혁, 〈한국 평화연구의 현황과 과제〉, 『한국과 국제정치』 제31권 제2호 (2015), 115~140쪽을 초고로 삼아 대폭 수정한 것이다.

에서 살펴본 평화 개념과 평화학의 범위를 감안할 때 적절한 판단이라고 말하기 어렵다. 사실 한국에서 안보연구의 과잉발달이 평화연구의 저발전과 동전의 양면을 이룬다는 점에 주목할 필요가 있다. 안보를 강조하다 보면 정의, 평등, 인권, 민주주의, 다양성 등 평화학의 주제들이 무시되거나 소홀히 다뤄질 수 있다. 실제 그런 현상은 권위주의 통치시기에 일상적이었고, 민주화 이후에도 분단정전체제가 지속되는 상황에서 사라지지 않고 있다. 2016년 초 무제한토론(필리버스터)까지 갔던 테러방지법 제정 논란이 좋은 예다. 때로는 안보가 정치적 호명 대상이 되고, 안보연구가 민주주의와 거리가 먼 행태를 합리화하는 도구로 이용되는 경우도 없지 않다.

한국의 평화학이 분단 현실을 무시할 수는 없지만 그것에 함몰되는 것도 한국 평화학=통일학으로 간주하는 문제를 낳을 수 있다. 한국의 평화학을 통일 문제에 관한 논의로 치환할 경우 남북한 사회 내 비평화적 심성과 제도, 관행은 논의의 대상에서 배제되고, 그럴 경우 통일학은 평화학의 관심사와 동떨어져 남북관계, 통일국가 등 권력정치에 초점을 둔 논의로 한정될 수밖에 없다. 결국 한국 평화학이 안보학 혹은 통일학으로 간주될 경우 한국의 평화학은 그 제한성, 비평화성, 특수성으로 인해 온전한

● 함석헌
출처 http://ssialsori.net

의미의 평화학을 추구하기 어렵다. 한국의 안보학, 통일학은 국제 평화학계와 소통하기 어렵거나 예외적인 경우로 간주될 뿐이다. 그러나 이런 우려와 달리 1980년대 말 이후 국내 학계에서도 평화학에 대한 관심이 일어나고 평화연구가 활기를 띠기 시작했다. 이때는 민주화, 세계화의 영향이 일어나기 시작한 때와 일치한다.

물론 민주화 이전에도 소수의 선각자들이 평화 문제를 논의하거나 민족, 통일 문제를 평화의 시각에서 다룬 경우가 있다. 동학의 개벽사상, 원불교의 대동사상, 함석헌과 유영모의 씨알사상 등이 그 예인데, 이들의 평화논의는 종교적, 사상적 차원에서 이루어졌고 이후 사회운동의 동력이 되기도 했다. 그러나 분단과 권위주의 통치라는 시대적 제약과 제도권 학계의 무관심으로 평화학이 학계의 관심을 끌기 시작한 것은 1980년대 말 이후다.

1987년 민주화를 거치며 국제정치학계는 민주화를 외교안보정책 결정 과정에서 새로운 한 요소로 논의하기 시작하였다. 이전에 없던 현상이었다. 주류 국제정치학을 선도해 온 현실주의 시각에 따르면, 국가 간 관계 혹은 외교안보로 구성되는 국제정치는 국내 문제와 성질을 달리하는 고유의 영역으로서 단일한 정책결정집단의 합리적 판단에 의해 결정된다고 보았다. 국내의 다른 요소들이 개입할 성질이 아니라는 것이다. 그러나 민주화는 그런 고정관념을 깼다. 외교안보정책에 대한 문민통제 원리가 반영될 여지를 열어 놓은 것이다. 민주화는 한국사회 구성원과 사회 모든 분야에 영향을 미쳤다. 한국 국제정치학계를 예로 들면, 민주화가 대외정책결정의 새로운 요소로 주목받기 시작하였다. 또 식량, 보건, 기후, 난민 등 비전통적 안보 문제에 대한 관심과 주류 국제정치이론에 대한 비판적 논의도 일어나기 시작하였다. 민주화 직후 전개된 냉전 해체 및 세계화, 정보화 현상으로 세계평화학 동향에 대한 접근과 수용이 용이해진 점도 국내에서의 평화연구를 자극했다. 르완다, 구 유고슬라비아, 동티모르 등지의 대규모 양민학살을 동반한 내전, 남아프리카공화국에서의 인종차별 폐지, 권위주의국가와 동구 사회주의국가들의 체제전환, 양성평등 의식의 확산 등 냉전 해체과정과 그 이후 일어난 급격한 세계정치 변화도 평화학에 대한 관심을 불러일으켰다.

한편, 1990년대 초 부상하기 시작한 북핵 핵문제와 탈북 사태는 한반도 문제의 국제화 혹은 세계적 기준(global standard)에 의한 한반도 문제인식의 기회로 작용하였다. 사회적으로는 민주화 이후 대학을 다닌 신세대들의 탈민족주의, 탈근대주의, 보편주의 경향은 이런 한반도 문제와 만나면서 기존 학생운동의 계급 중심, 민족해방운동의 관점을 역사의 뒤편으로 서서히 밀어내고 있었다. 그 연장선상에서 대학가와 시민사회에서는 기존의 통일 운동과 분리되는 평화운동이 태동하기 시작하였다. 한반도 문제를 민족적으로 특수한 문제가 아니라 세계 보편적인 문제로 인식하고, 그 대안도 통일보다는 평화정착 혹은 '적극적 평화'로 사고하는 흐름이 일어난 것이다.

진보정권으로 평가되던 노무현 정부 때 북핵 문제의 평화적 해결 노력과 이라크 파병이라는 모순된 정책은 한국 시민사회에서 통일운동과 평화운동의 분기를 가져온 결정적 계기였다. 민주화와 정보화의 영향으로 통일정책과 외교안보정책에 대한 여론의 관심도 증대하였다. 노태우 정부가 전개한 '북방정책'의 결실로 나타난 한국과 공산권 국가들과의 국교정상화가 그런 계기를 조성하였다. 또 현실 국제정치 문제를 평화주의적 시각에서 파악하려는 움직임도 일어났는데, 한국전쟁기와 그 이후 분단권력에 의한 양민학살과 용공조작, 주한미군에 의한 인권 침해와 미군기지 일대에서의 환경오염, 일본의 역사왜곡에 대한 연구들이 그 예다.

유럽과 달리 동아시아에서 증대하는 군비경쟁과 북핵 문제의 장기화로 미국이 한국에 요구하는 새로운 안보전략 참여 요구는 민족 자주성을 훼손하는 처사로 보이기도 했지만, 다른 한편으로 남북화해와 한반도 평화를 저해하는 반평화적 처사로 비춰지기도 했다. 점증하는 중국의 위협에 대비하고 북한의 높아진 안보위협에 대응한다는 명목으로 미국이 미사일방어망(MD)계획, 대량살상무기확산방지구상(PSI), 그리고 한미일 군사정보협력에 참여할 것을 한국에 요구하는 움직임이 이어졌다. 미국에서는 그 성능과 용도가 줄어든 '첨단무기'를 한국 정부가 적극 도입하려는 결정과 그 과정에서 발생하는 권력형 대형비리는 기존의 군산복합체 이론을 증명하는 사례로 보였다. 이런 현상들은 당연히 평화운동의 관심을 사기에 충분했고 한국 평화학을 자극하였다.

경제성장을 동반한 민주화, 그리고 세계화 현상에 편승한 탈민족주의와 세계적 관심사 증대는 한반도 문제만이 아니라 국제 문제에 대해서도 한국이 관심을 가져야 한다는 의식 전환을 가져왔다. 받는 처지에서 주는 위치로의 전환이 자랑스러워 보였다. 물론 비록 1990년대 1차 북핵위기와 대량탈북 사태로 르완다 사태와 유고 사태에 주목하지 못했지만, 이후 국제분쟁과 자연재해 등 해외 문제에 대한 관심이 일어났고 모니터링

(monitoring), 지원, 연대활동이 일어나기 시작하였다. 1987년 이후 시민사회에서 환경운동, 생활자치운동도 일어났다. 한국사회에서도 성장의 이면에서 가려졌던 자연에 대한 관심과 환경친화적인 삶에 대한 사유와 실험이 일어났다. 이는 안보 문제와 다른 영역에서 한국 평화학의 새로운 토양으로 작용하였다.

이와 같이 한국에서 평화학이 등장하게 된 맥락은 국내정치적 변화, 세계사적 변화, 한반도 문제의 국제화 등 3차원에서의 움직임이 거의 동시에 일어나면서 형성되었다. 물론 1980년대 말~1990년대 초의 역동성이 곧바로 한국 평화학의 형성으로 귀결된 것은 아니었다. 한반도 문제에 대한 민족주의적 관성이 북핵 문제와 탈북 사태에 투영되면서 평화연구의 개화(開花)는 시차를 보였다. 그럼에도 이 시기는 평화에 대한 닫힌 시각을 열고 세계 평화연구 동향을 수용하며 한국 평화학을 예비하였다.

한국 평화학의 태동

1980년대 중반까지 한국에 평화연구가 있었는가 하는 회의가 들 정도로 한국의 평화학은 안보연구로 등치되거나 북한 · 통일연구가 주류를 차지했다. 이런 경향은 지금까지 계속되고 있지만, 민주화 이후 위와 같은 배경 속에서 평화연구가 일어나기 시작했다. 예를 들어 한국국제정치학회는 1988년 연례학술회의 주제를 '외교정책의 재조명 : 민주화와 한국외교정책'으로 하였고, 그 연장선상에서 학회지 『국제정치논총』 제28집 2호를 11편의 관련 논문으로만 발행하였다. 여기에는 외교정책결정 일반, 안보정책, 대외경제정책, 한 · 일관계 등 분야별 외교정책에 있어 민주화 요인을 다루고 있다.

1990년대 상반기 들어서도 민주화 요소는 외교정책과 대외경제정책 연구에 주요 변수로 다뤄졌다. 또 민주화 이후 국가안보 중심의 전통적인 안보연구의 연성화 현상도 일어났으니 소위 비전통적 안보 문제에 대한 관심의 대두가 그것이다. 생태주의, 환경 문제, 평화유지활동(PKO)에 대한 연구결과가 나오기 시작하였고, 그 연장선상에서 남북문제도 비전통적 안보의 눈으로 접근하는 논의도 일어났다. 이어 비판적 국제관계이론도 국내에 도입되기 시작하였는데, 탈근대주의(post-modernism), 여성주의(feminism), 생태주의, 후기식민주의(post-colonialism), 비판이론, 구성주의, 세계시민주의 등과 같은 이론들이 소개되었다.

민주화와 더불어 냉전 해체가 한반도에 미치는 영향에 주목하는 논의가 봇물을 이루었다. 거기에는 당연히 냉전시대 남북한 적대관계가 국제질서 변화에 따라 어떻게 협력관계로 나아갈 수 있는지에 대한 관심이 포함되었다. 소련과 동구 사회주의 국가들의 개혁개방, 그리고 독일통일과 같이 급변하는 국제정세는 물론 남한의 능동적 대외정책으로서 '북방정책'과 일련의 남북대화가 커다란 계기로 작용하였다. 이런 대내외적 변화를 반영해 관련 학계는 북방정책, 사회주의권의 변화, 개혁개방 등을 주제로 많은 학술회의를 개최하였다.

나아가 학계는 대내외 정세 변화가 평화연구에 어떤 영향을 주는지 탐색하는 데 그치지 않고, 한국 혹은 한반도에 알맞은 평화이론을 모색하는 노력을 펴기도 했다. 불교학계는 원효, 원광, 한용운 등의 평화사상을 탐색하였고, 유교, 도교, 대종교 등에서도 한국인의 평화사상을 찾는 노력을 벌였다. 국제정치학계에서는 그동안 서양이론 중심의 학계 풍토를 성찰하고 '한국적 국제정치학'의 정립 필요성을 제기하였다. 이호재 교수는 1988년 〈한국국제정치학의 발전을 위한 방향제시〉라는 논문을 통해 국제정치이론과 한국의 국가이익, 사건, 요인을 연관지어 논의할 것을 제안하였다. 한국적 국제정치학의 정립을 학회 차원에서 본격적으로 논의한 것은 1990년 〈1990년대 한국국제정치학의 과제 : 이론과 실제〉라는 주제로 열린 연례학술회의였다. 이때 발표된 9편의 논문은 이듬해 『국제정치논총』 제30집 2호에 게재되었다. 이들 논문이 공통적으로 갖고 있는 문제의식은 서양의 안보, 국제정치, 평화이론을 어떻게 한국의 토양과 관심사에 접맥할 수 있느냐였다. 그중 주목할 만한 논문으로 황병무는 평화연구의 한국 적용문제를 논하면서 한국 평화학의 과제를 연구 범위, 방법, 교육과의 연계 등의 측면에서 제시하기도 하였다. 이런 문제의식은 후세대 연구자들에 의해 더욱 활발하게 논의돼, 2000년대 들어서는 단행본으로 출간되어 전공 교재로 쓰이기 시작했다. 이런 연구 경향은 기성 국제정치학계가 국내외 정치질서 변화에 즈음하여 평화 문제에 관심을 두고 수행한 새로운 실험이라는 데 의의가 있지만, 본격적인 한국 평화학의 창을 연 것이라 말하기는 어렵다.

한국 평화학의 개화

2000년대 들어서면서 국내에서도 평화연구에 대한 관심이 높아졌다. 탈이념, 보편가치, 세계적 시각을 가진 신세대 연구자들의 학계 진출과 기성 평화학의 국내 소개 및 적용 시도가 일어나기 시작한 것이다. 함석헌, 소태산 등 한국인의 평화사상에 대한 탐구 성과가 발간되기 시작하였고, 갈퉁과 젱하스의 주저(主著)가 번역 출간되면서 '적극적 평화', '문명화로서의 평화' 개념을 소개하거나 적용한 논문들이 나오기 시작했다. 해외의 평화이론을 소개하고 한반도 현실에 알맞은 평화론을 탐색하는 시도도 일어났는데, 『21세기 평화연구』(하영선 편, 2002), 『평화연구』(박신배, 2011), 『환경학과 평화학』(토다 키요시, 최원식 옮김, 2003), 『평화연구 입문』(손주철, 2012) 등이 그 예다. 나아가 한반도 현실을 반영하거나 한반도에 알맞은 평화이론을 탐색하는 연구도 일어났는데, 구갑우의 『비판적 평화연구와 한반도』(2007), 서울대 평화인문학연구단 편 『평화인문학은 무엇인가』(2013), 서보혁 편 『인간 안보와 남북한 협력』(2013), 김병로 · 서보혁 편 『분단폭력』(2016)이 그런 시도들이다.

2000년대 들어서면서 6 · 15 남북정상회담이 계기가 되어 남북관계가 발전하고 민주화의 진전에 힘입어 평화교육, 민주시민교육도 일어났다. 통일교육을 평화교육과 접합하려는 시도도 일어나기 시작하였는데, 정현백 · 김엘리 · 김정수의 『통일교육과 평화교육의 만남』(2002), 조정아 등의 『통일교육 콘텐츠 발전 IV』(2014)가 그 예다. 분단의 맥락에서 갈등을 비교연구하거나 북한학에 평화학의 적용가능성을 탐색한 참신한 연구도 나왔다.

김동진 교수의 〈북한 연구에 대한 평화연구적 접근〉(2005)과 박정진의 박사학위 논문 〈'분단갈등' 연구: 독일, 북아일랜드, 한반도 갈등관리 유형 비교〉(2012)가 그것이다. 가장 눈에 띄는 연구는 한반도 맥락에서 인권과 평화를 이론적으로 관계 지을 뿐만 아니라 실천적인 의미를 부여한 연구들이다. 이경주의 『평화권의 이해』(2014), 서보혁의 『코리아 인권』(2011), 정태욱의 『한반도 평화와 북한 인권』(2009), 이대훈의 「전쟁, 기억, 평화」(2005)가 관련 연구성과들이다. 시민사회에서는 평화교육프로젝트 '모모'가 선도하면서 평화교육이 곳곳에서 일어나기 시작했다.

그러나 국내에서 평화연구가 활발하게 전개되는 곳은 페미니즘 진영이다. 거기서는 군사화, 군사기지, 성차별, 탈북자 등을 연구하며 평화교육, 평화운동과 연대를 꾀하고 있는데, 김안정애, 김엘리, 김정수, 권인숙, 정현백, 황영주, 정추영 등이 활발한 실천적 연구를 하고 있다. 페미니즘을 제외하면 전체적으로 학계보다는 사회운동 현장, 특히 생태·풀뿌리운동과 종교권, 그리고 통일운동 등에서 평화연구의 싹을 키워 왔다. 이들의 소위 아래로부터의 평화논의는 제도권 학계보다 세계 평화담론을 수용하기에 더 자유롭고 국제적 소통도 활발하다.

이와 같이 제도권 안팎의 다양한 평화논의는 한국 평화학에 두 가지 굵직한 과제를 안겨 주고 있다. 하나는 밖에서 안으로의 문제다. 새로운 시대적 상황에서 한국의 연구집단이 세계평화학과 소통하며 평화학 연구 동향을 도입, 소화, 적용하는 과제가 그것이다. 다른 하나의 과제는 안에서 밖으로의 길이다. 즉 한반도 문제를 그 역사적 · 구조적 맥락을 고려하되, 보편적인 평화학의 틀에서 이론화하고 그 성과로 세계평화학의 발전에 기여하는 일이다. 물론 한국에서 평화연구란 분단정전체제와 남북한 사회의 비평화 문제를 무시한 독자적 입론(立論)은 불가능하다. 관건은 한국의 학계가 한반도 문제를 다루느냐의 여부가 아니라, 그것을 (안보학이나 통일학 차원이 아니라) 평화학의 틀에서 어떻게 다룰 것인지의 문제다. 그 준비를 위해서는 한반도 문제를 한반도의 틀에 가두어 놓는 국가주의와 민족주의에 대한 비판적 탐구가 선행되어야 한다. 임지현의 『민족주의는 반역이다』(1999), 권혁범의 『국민으로부터의 탈퇴』(2004), 박노자의 『당신들의 대한민국』 시리즈는 이 분야의 뚜렷한 성과이다. 그로부터 '개방적 민족주의', '진보적 민족주의', '국가주의의 성찰'이라는 용어들이 등장하였다. 전반적으로 한국의 평화학는 소개, 탐색, 실험 등을 전개하며 평화학으로 발돋음할 준비를 해왔다.

2000년대 들어 평화학에 관한 관심과 시도가 많아지고 있다.

평화연구가 부상하면서 전통 주류 안보연구도 자극받고 있다. 국가 중심의 안보연구에 국제기구, 전문가집단, 비정부기구의 역할을 수용하기에 이르렀고, 힘에 의한 안보증진 방법의 보완(대체가 아니라)으로 협력안보, 공동안보가 논의되기 시작했고, 국가안보와 함께 대중의 삶의 질과 관련된 인간 안보에 대한 논의도 일어나기 시작했다. 한반도 현실을 감안해 세계평화학 동향을 소개하는 차원을 넘어 한국 평화학이 일어나고 있다. 평화운동, 평화교육과의 연계도 나타나고 있다. 이들 현상은 한국의 평화학이 보편-특수성을 갖고 있음을 말해 준다. 그러나 한반도의 혹은 한반도발 평화학 정립은 한국 평화학의 영역과 과제를 분명히 하고 연구체계를 확립한 뒤에 가능할 것이다.

2. 한국 평화학의 영역과 특징

네 연구영역

한국의 평화학을 나누는 기준과 영역에 관한 논의는 그 자체로 하나의 연구주제가 될 만하다. 연구영역을 나눌 기준으로 삼을 만한 것으로는 연구주제, 시각, 분석수준, 방법 등 다양할 수 있다. 그러나 특정 연구영역을 설정하는 일은 연구목적과 연구자의 선호에 의존할 것이다. 다만, '한국'의 평화학 영역을 설정함에 있어서는 한국의 특수한 환경에서 연유하는 관심사가 평화학의 일반적인 연구주제와 맞닿는 것이 적합할 것이다.

아래에서 제시할 생태평화, 민주평화, 연대평화, 통일평화 등 네 연구영역은 이런 문제의식을 갖고 설정해 본 잠정적인 제안이다. 이들 중 생태평화, 민주평화, 연대평화는 한반도 안팎의 특수한 역사적, 정치경제적 현실이 배경으로 작용하고 있지만 평화학의 일반적인 연구주제이기도 한 영역들이다. 그에 비해 통일평화는 한반도의 특수한 여건과 관심사가 크게 반영된 영역이다. 그럼에도 통일평화에서 통일이 평화학의 시각에서 다뤄질 때, 또 평화가 통일을 추구하는 한반도에서 상상할 때 그 의미는 특별해질 것이다. 그런 점에서 통일과 평화가 결합해 '통일평화'를 사유할 때 그 의미는 보편성과 특수성이 적절히 융합된 개념으로 이해할 수 있다.

우선, 생태평화는 생명의 원리, 살림의 철학으로 평화를 사유하고 실천한다는 의미다. 현실적으로 생태평화는 인간집단 간, 인간과 자연 간의 공존, 상생, 지속가능성에 관심을 갖는다. 이윤 극대화를 추구하는 자본주의는 인류를 무한경쟁으로 내몰고 자연을 무분별하게 착취해 결국 인류의 삶과 자연을 위협하기에 이른다. 나 자신에서부터 우주까지 생명을 소중히 여기는 삶의 전환이 절실한 때가 되었다. 이는 윤리적 덕목일 뿐만 아니라 생존의 문제로 다가오고 있다. 공존과 공생, 배려와 섬김이라는 공동체적 가치를 중심으로 근대성 너머를 상상하는 일은 그 자체가 새로운 평화론의 내용을 이룬다.

21세기 평화형성을 위한 사유는 약육강식과 적자생존이라는 근대적 성장-안보 패러다임을 벗어나지 않으면 좀처럼 상상하기 어렵다. 한반도에서도 평화를 위협하는 것은 남북 간 군사적 대치만이 아니라 무한경쟁에 의한 승자독식, 이익 극대화를 위해 사람과 자연을 무한 착취하는 생명경시, 생명도구화의 폭력문화이다. 오늘날 한국사회가 국가, 지도층 인사, 사회집단 등 곳곳에서 일어나는 부정비리, 인권 침해, 생명경시, 권위주의, 소통단절, 각종 유무형의 차별과 배제 등은 그동안 한국사회가 추구해온 성장주의, 업적주의가 만들어 낸 긴 그림자이다.

이런 성찰을 전제로 생태평화는 전통적인 평화연구 영역인 전쟁을 넘어 인간의 소외와 물신화를 초래하는 인간 자신과 자연에 대한 각양의 착취, 파괴에 주목하고 그 극복을 탐구하는 영역이다. 생태평화는 분석 수준에도 영향을 미치는데, 국제관계 수준의 논의도 배제하지 않지만 전통적 평화연구에 비해 개인, 집단과 사회, 우주 수준에서의 논의에도 관심이 많다. 그러나 생태평화론이 전통적인 평화연구, 통일평화론과 연계해 전개할 필요가 크고 그 가능성도 높다. 전쟁과 준전시체제에서 생태 파괴가 극명하게 발생하고, 분단정전체제하에서 지속되는 군비경쟁, 군사기지와 군사연습과 같은 일들이 인간생명을 파괴하고 자연을 훼손하는 요인이기 때문이다.

둘째, 민주평화이다. 민주평화 하면 민주적 평화(democratic peace), 민주주의 정치체제에 의한 평화를 생각하게 된다. 정치학에서 널리 알려져 있는 민주평화론은 민주국가들 간에는 전쟁을 하지 않고 민주국가와 비민주국가 사이에 전쟁이 일어난다고 본다. 민주국가들로 세계가 이루어진다면 평화가 도래한다는 시각이다. 그러나 여기서 민주평화는 그런 정치적 의미로 한정되지 않는다. 만약 그런 시각에서 이해한 민주평화를 한반도 맥락에 적용한다면 곧 북한민주화론이 도출되는데, 이 경우 민주화 프로젝트는 평화가 아니라 전쟁을 초래할 수도 있다. 민주평화가 성립되지 않고 민주와 평화가 대립하는 꼴이다. 또 민주평화를 정치적 의미로 한정할 경우, 논의는 남북한 체제에 대한 상대적 평가로 나타나 흡수와 배제, 억압과 차별 같은 폭력문화를 재생산할 수 있다.

여기서 민주평화는 지속가능하고 안정적인 평화공동체 건설을 위해 필요한 가치, 문화, 제도, 정책을 평화주의에 입각해 재구성한다는 의미다. 오늘날 세계는 세계화, 정보화로 상품과 기술은 물론 사람, 정보, 사상 등 거의 모든 것들이 흘러가고 흘러들어온다. 물론 국가별 격차, 문화적 차이, 역사적 불신 등으로 인해 국가나 종족 간에 서로 경계 짓고 한정하고 배제하는 반동적 흐름이 공존하고, 정보화를 사적 혹은 정치적 이익을 위해 활용하는 경향도 존재한다. 그런 모순적인 세계화 경향 속에서 민주평화는 우선 차이를 차별로 악화시키기 않고 상호 이해하고 배려하는 덕성을 전제로 한다.

한국사회에서는 대내적으로 여성, 장애인, 아동, (비정규직) 노동자는 물론 다문화사회를 구성하는 조선족, 탈북자, (주로 유색 인종이고 한국보다 경제수준이 낮은 나라 출신인) 외국인 노동자, 그리고 성소수자들들에 대한 차별과 멸시를 쉽게 볼 수 있다. 이런 비민주적, 반인권적 태도를 갖고 남북통일을 이루어 낼 수 있을지 의문이다. 말하자면 민주평화는 시민들 사이에 인권의식이 높고 사회 전반적으로 인권이 제도화되어 모든 사람의 인권을 보편적으로 보장하는 상태를 말한다. 이렇게 되려면 사회적 약자와 소외된 사람들에 대한 각별한 보호와 이들의 능력 배양(empowerment)이 요청된다.

그런 맥락에서 민주평화는 다른 한편으로 사회정의를 충분조건으로 한다. 인권의 시각에서 사회정의는 비차별과 경제·사회·문화적 권리의 옹호와 깊은 연관이 있다. 사회정의는 경제성장 뒤에 자연스럽게 따라오지 않는다. 박정희 정권의 '선건설 후통일'론, 전두환 정권의 '정의사회' 구현은 기만적인 정치구호에 불과했다. 또 박근혜 정부의 '통일대박론', 중국의 '평화발전론', 일본 아베 정부의 '아베노믹스'는 모두 경제성장 중심의 국가발전 담론이다. 사회정의, 특히 분배정의가 확립되지 않으면 경제성장은 아무런 의미가 없고 사회안정이 위협받는다. 국내에서 일부 의식 있는 연구자와 운동가들이 제안하고 있는 '사회복지국가', '평화복지국가'론은 복지와 분배를 사회정의의 핵심으로 삼는 대안적 국가발전전략이다. 이때 시민사회와 시장이 국가와 수평적인 관계에서 대안적 발전전략을 수립하는 주체로 제안된 점도 주목할 만하다. 이렇게 민주평화를 가치, 문화로 이해하면서 그 제도화와 정책으로 나아간다면 두 분단사회 내의 자기성찰과 남북상생을 함께 추진해 갈 수 있을 것이다.

셋째, 연대평화이다. 일반적으로 연대는 공통의 목적을 추구하는 과정에서 뜻을 함께하는 사람들 사이의 협력과 우애로 정의할 수 있다. 역사적으로는 산업화 이전부터 존재했던 마을이나 공동체 구성원들 사이의 상호부조를 의미한다. 산업화 이후에 연대는 일국적, 세계적 차원에서의 불평등 관계를 청산하고 혁명과 해방을 추구하는 세력 내의 전투적 단결을 의미하기도 했다. 연대는 프랑스 혁명의 3대 가치 중 하나이기도 했다. 연대는 사회통합, 세계평화라는 추상적 단어 뒤에 숨어 있는 지배와 피지배, 억압과 해방의 역학관계를 직시하고 피억압집단의 단결을 통한 지배질서의 혁파를 상징한다. 물론 일본의 아시아태평양 침략 시기 '대동아공영권' 수립을 위해 아시아인들과 일본의 연대를 주장한 아시아 각지의 친일인사들의 괴변은 연대의 본뜻과 정반대다.

여기서 연대평화는 두 가지 의미로 쓰고자 한다. 하나는 평화를 실현하는 데 관련되는 가치와 지혜들의 상호연관과 상호의존을 말하고, 다른 하나는 평화를 추구하는 사람들 사이의 협력, 우애, 네트워킹을 의미한다. 물론 연대는 시간적으로 과거와 미래의 연결, 공간적으로는 안에서 밖으로 혹은 공동체의식의 확장으로 이해할 수도 있다. 2차 세계대전 직후 독일 교회가 나치와 더 힘차게 투쟁하지 못한 점을 회개하고 이후 세계, 특히 분쟁지역과 제3세계 국가의 민주주의, 인권, 발전을 물심양면으로 지원한 것이 이런 의미의 연대에 어울리는 사례다. 2000년대 들어 한국의 인권, 민주주의 단체들도 다른 인권 침해 지역이나 권위주의 국가들의 민중의 현실에 관심을 갖고 지원하고, 국제인권평화단체들과 협력하는 사례가 늘어나고 있다.

오늘날 한반도는 민족주의와 세계주의가 격렬하게 부딪치는 현장이다. 한반도는 많은 제3세계 국가들과 마찬가지로 상처받고 뒤틀린 민족주의 정서를 고수하고 있다. 그러나 동시에 한반도의 20세기는 전 지구적 변화상을 고려하지 않고서는 설명이 불가능할 만큼 세계사적 흐름의 한가운데 있었고, 경제 · 기술 · 문화 · 사상 등 모든 영역에서 서구와의 적극적인 소통을 경험했다. 그 결과 가난을 극복하고 세계와 호흡하는 성취를 가졌지만 분단을 겪고 그 상태가 지속되는 비극도 발생했다. 그런 만큼 한반도에는 다양한 정향과 복잡한 욕망이 혼재하고 그것이 야기하는 갈등과 혼란도 만만치 않다. 그런데 동아시아에서 식민주의, 군사주의, 성장주의, 권위주의 경험은 완전히 해결되지 않고 권력의 필요에 의해 재구성된 역사가 호명되고 있다. 그런 역사적 유산이 현실 권력정치에 의해 부활하는 동아시아는 경제성장과 군비경쟁이 세계에서 가장 활발하게 일어나는 모순된 지역이다.

여기서 한반도 평화와 동아시아 평화의 연대성을 발견한다. 한국의 민주화, 산업화가 동아시아의 미래에 주는 의미가 작지 않고, 동시에 한반도의 분단정전체제가 동아시아 대분단체제의 극복 과정에서 차지하는 위상 또한 작지 않다. 따라서 한반도 평화를 추구하는 남북한은 동아시아 평화를 추구하는 세력과 연대하지 않으면 안 된다. 한반도 평화가 세계 평화의 일부로서 연대하는 가장 유력한 길은 동아시아 평화에 기여하는 일이다. 연대평화는 또 한반도 안과 밖의 여러 행위자들 간의 소통과 협력으로 갈등을 평화적으로 해결하고 협력을 극대화하는 전략적인 의미도 담고 있다. 연대평화는 한반도 평화와 불가분의 관계에 있는 지역평화, 그리고 세계평화에 대한 관심과 참여를 장려하는데 유용한 관심 영역인 것이다.

넷째, 통일평화는 한반도형 평화구축의 특수성과 보편성이 결합되어 있는 영역이다. 사실 위 생태평화, 민주평화, 연대평화가 상호보완적이고 총체적으로 한반도에 실현된다면 그것을 '거의' 통일평화라 할 수 있을 것이다. 한반도 맥락에서 수행되는 평화연구 영역의 하나로 통일평화를 설정하고 있지만, 통일평화가 다른 세 영역의 평화와 확연하게 구분되는 것은 아니다. 그만큼 통일평화는 보편적 성격을 띠고 있다. 그럼에도 통일평화를 별도의 영역으로 설정한 것은 분단 극복이라는 특수한 과제가 존재하기 때문이다. 분단은 분명 약소민족의 자결권 침해, 근대 국민국가의 미완성, 강대국 권력정치의 희생 등과 같이 제국주의와 냉전시대의 산물이다. 이런 배경과 성격을 전제로 하면서도 분단의 극복 혹은 통일 한반도의 미래를 사유할 때 그것은 평화학이 추구하는 보편적인 가치의 구현이라는 상상이 가능하다. 다시 말해 분단이 반드시 한반도 역사의 특수성으로만 구성되어 있지 않다는 점이다. 민족통일문제에 대한 평화주의적 시각, 그래서 평화통일이 아니라 통일평화다.

통일평화는 한반도에서 진정한 평화는 통일 없이 불가능하지만, 동시에 통일 그 자체가 한반도에 평화를 완전히 보장하지 않는다는 인식을 전제로 하고 있다. 통일평화는 한반도에서 적극적 평화는 통일을 통과할 때 가능하지만 그 실현을 위해 통일 이후에도 부단한 노력이 필요하고, 그 지향은 통일국가 수립을 넘어 평화공동체를 한반도 전역에 수립하는 것이다. 따라서 통일평화 영역에서의 연구범위를 평화체제 수립 방안이나 통일국가의 권력구조 등에 초점을 두는 것은 협소한 사고이자, 분단 이후 한반도를 평화학이 아니라 통일학에서 접근하는 것에 불과하다.

평화통일이 아니라 '통일평화'로 표현한 것은 수사적 기교가 아니라 통일, 그리고 평화와 통일의 관계에 관한 시각의 전환을 내포하고 있다. 여기서 통일은 한국전쟁의 완전한 종식, 평화협정 체결, 급변사태 예방을 바탕으로 한 두 분단국가의 평화적 통합을 의미하는데, 크게 보면 소극적 평화의 확립이다. 분단 극복은 한반도에 소극적 평화를 정착시키고 적극적 평화를 추구하는 밑바탕으로 작용할 것이다. 통일평화에서 평화는 문화적, 구조적 평화를 본격적으로 추구하는 적극적 평화의 의미가 강하다. 그리고 한반도에서 통일과 평화는 대내외적으로 새로운 환경에 직면하고 있는 점, 또한 한반도 문제라는 것이 한반도 혹은 남북한의 문제로 한정되지 않는다는 점도 '통일평화'론을 수립하는데 고려할 중요한 측면이다.

한국 평화학의 특징

이상 네 영역을 살펴보면서 한반도 평화연구의 보편-특수성을 확인할 수 있었다. 이는 한반도 평화가 보편성과 특수성 중 어느 한 성질만 갖고 있지 않음을 의미한다. 한반도 평화를 민족의 통일 문제로 환원하는 것은 민족 내부에 존재하는 각양의 불의와 불평등 문제 등 한반도에 존재하는 복합적인 비평화 문제를 간과하는 한계가 있다. 더구나 한반도의 바람직한 미래로서 통일평화는 세계 보편가치의 조화로운 실현에 바탕을 두고 상상하는 것이고, 현실적으로 국제사회의 협력이 필요하며, 동아시아 평화와 소통하는 과정에서 추진할 일이다.

다른 한편, 한국 평화학을 한반도의 역사, 문화, 정치를 사소하게 여기고 평화학의 일반이론을 기계적으로 적용하거나 그것을 증명하는 식의 접근은 평화학의 생명력과 포용력을 스스로 배척하는 태도다. 인권은 보편적인 가치이자 세계 공통의 언어이지만, 인권의 실체는 시대와 문화권과 소망하는 사람들에 따라 그

색깔이 다양하다. 그런 다양성을 관통하고 포괄할 때 인권이 더 풍성해지듯이 평화 역시 마찬가지다. 위에서 생태평화, 민주평화, 연대평화를 한반도 평화연구의 영역으로 설정한 것은 그것들이 평화학 일반의 공통 범주이기 때문만이 아니다. 한반도에서 그런 영역들을 고양하고 실현할 가치가 크기 때문이기도 하다.

생태평화, 민주평화, 연대평화, 통일평화는 각각 고유의 영역을 갖고 있지만, 상호 유기적으로 관련을 맺으며 진화할 가능성이 열려 있다. 한반도 평화는 반드시 통일을 통과해야 하고 그것은 한반도 모든 구성원들이 인간으로서의 존엄을 누리는 공동체 건설의 출발점이다. 통일이 비록 현실에서는 커다란 우선과제이지만, 평화학의 시각에서는 한반도형 소극적 평화가 실현되는 것이다. 통일 이후 인간다운 삶의 조건과 사유의 보장, 사람과 사람 사이의 평등, 나아가 사람과 자연의 균형적 관계를 추구하는 과정이 한반도형 적극적 평화를 구축하는 길이다. 생태평화, 민주평화, 연대평화는 통일실현 과정까지는 상대적으로 관심을 덜 받을 수도 있겠지만 그 이후에는 통일평화의 주요 콘텐츠(contents)가 될 것이다. 이들 세 평화에 대한 이런 식의 구상은 한반도 평화구축의 특수성과 보편성을 동시에 말해 주고 있다.

3. 한국 평화학의 방향과 과제

아래에서 제시한 다섯 가지 과제에서도 평화학 일반의 문제와 한반도 특유의 문제가 혼재되어 있는데, 이는 한국의 평화학이 보편-특수성을 갖고 있음을 재확인해 준다. 차례대로 살펴보자.

한국 평화학의 정체성 확립

평화학은 비판적이고 윤리적이고 실천적인 학문이다. 평화학은 또 학제 간 연구를 넘어 초학제적인 융합학문이다. 평화학이 분석과 문제해결(puzzle solving)을 위주로 하는 사회과학과 상상력과 창조적 사고를 바탕으로 한 인문학의 결합이라는 주장은 분과학문의 입장에서 평화학을 성격 규정하려는 발상일 뿐 평화학의 정체성과는 거리가 먼 얘기다. 분과학문이 평화학의 대의 아래 모인다고, 또 인문학과 사회과학이 손잡는다고 평화학이 제 모양을 갖출지는 의문이다. 평화학은 고유의 학문체계를 갖고 있고 그 특성의 하나로 초학제성을 띠고 있다. 또 평화학의 정체성은 융합학문으로서의 성격만이 아니라 비판의식과 윤리성을 갖는다. 물리적, 구조적, 문화적 폭력과 그 재생산구조에 대한 객관적 분석, 평화운동 및 평화교육과의 상호 협력관계의 형성, 그리고 갈등의 평화적 전환에 대한 탐구가 평화학의 정체성이자 평화학도의 기본 연구과제다.

평화학은 존재하는 폭력의 종식과 잠재적인 폭력의 예방, 그리고 지속가능한 평화구축을 그 목표이자 정향으로 삼고 있다. 그렇기 때문에 폭력 예방 및 평화구축과 관련된 다차원의 문제들-사건과 구조, 역사와 현실 등-에 대한 객관적 분석을 통해 문제해결을 지향한다. 그러나 평화학의 정향과 윤리성은 문제해결식 접근만으로 보장되지 않는다. 문제에 대한 인식은 물론 문제해결의 방향까지 비판적이고 윤리적인 사고를 적용할 때 평화학의 정체성이 보장된다. 왜냐하면 객관적 혹은 실증적 연구를 명분으로 연구 목적과 대상에 무비판적으로 접근하는 것은 만질 수 없고 계산할 수 없거나, 저 멀리 숨어 있는 요소들-구조적·심리적·사적·비공식적 측면-의 영향을 놓칠 수 있다. 결국 그런 연구는 문제에 대한 온전한 인식을 어렵게 해 평화학의 정향을 흐리게 할 수 있다. 폭력이 재생산되고 평화가 정착되지 않는 현실에 대한 문제의식 없는, 무비판적이고 건조한 분석은 낭만적 상상이나 지식인들의 언어유희에 가깝지, 평화학의 정체성과는 거리가 멀다.

평화학은 폭력이 일어나고 거기서 희생당하거나 저항하고 증거하는 현장과 대중의 목소리와 긴밀한 연계를 갖는다. 예를 들어, 인권 침해가 일어나는 현장에서 그 피해자들과 그들을 옹호하는 사람들의 생생한 이야기를 찾아가 듣고 인권 침해의 실태와 요인, 해결방향을 파악할 수 있다. 그 시끄럽고 피 흘리는 폭력의 늪에서 인권 침해 중단과 인권 개선방향을 담은 평화의 꽃을 발견할 수 있다. 여기서 평화학의 현장성은 윤리성은 물론 과학성과도 연계됨을 강조하고자 한다. 폭력 · 평화와 관련된 사례연구는 일종의 미시연구로서 관련 거시연구와 연결할 수 있고, 행동연구(action research), 프로그램 평가와 같은 연구방법은 연구의 현장성은 물론 객관성도 높여 준다. 결국 평화학이 진단, 예측, 처방의 3대 기능을 감당하려면 이와 같이 평화학의 다층적인 정체성을 이해하고 실제 연구 과정에 적용하는 노력이 있어야 한다.

한국의 평화학이 아직 걸음마 단계이고, 북한, 통일, 안보 등 기존의 연구 패러다임으로부터 자유롭지 못한 것이 사실이다.

그래서 위와 같은 평화학의 정체성 확립을 요구하는 것이 무리인 것처럼 보일 수도 있다. 그러나 통일 문제를 통일방안이나 대북정책의 문제로 환원시켜 접근하는 한, 그런 논의 중에 평화가 포함됐다고 해도 그것을 평화학이라 할 수 없다. 거기서 남북은 피아로 구별되어 있고 그런 접근은 권력 중심, 위로부터의 시각이어서 다양한 분야와 관련된 모든 사람들, 특히 분단의 피해자들의 입장은 소외될 가능성이 높다. 또 한반도 평화구축을 북핵문제, 평화체제, 한미동맹과 같은 기성 국제정치학이 다뤄 온 안보, 국가, 국제관계 차원의 논의로 전개한다면 그것을 평화학과 등치시킬 수 없다. 한반도 평화 관련 기성 학계의 논의는 위에서 살펴본 평화학의 정체성과 별다른 관련성 없이 평화 문제를 다룰 뿐이다.

최근 일부 연구자들이 평화학을 말하고 평화연구를 하고 있어 반가운 감이 있지만, 위와 같은 시각과 수준에서의 논의를 평화학과 동일시하기는 어렵다. 무엇보다 융합성, 비판성, 현장성에서 한계가 있다. 이와 달리 비록 소수지만 가장 관심을 끄는 현상은 페미니즘 진영과 일부 실천적 연구자들이 선도적으로 평화학 담론과 이론적 실천을 선보이고 있다는 사실이다. 이들은 평화연구를 평화운동, 평화교육과 관련지어 수행하고 있다. 또 이들은 각기 구체적인 연구주제-가령 성차별, 군사문화, 양심적 병역거부, 군비경쟁 등-를 다른 분야와 연관 짓거나, 아니면 한국 사회의 다른 영역들, 나아가 한반도, 동아시아의 비평화구조와 관련 지어 논의한다. 사건과 구조, 미시와 거시, 아래와 위를 결합시키고 이를 이론과 실천으로 묶어 연구하는 일단의 흐름은 한국에서도 평화학이 자리 잡을 가능성을 높여 주고 있다.

폭력연구와 평화연구의 결합

둘째, 평화학은 평화를 이상적으로 구상하는 학문이 아니라 현실적으로 평화로운 세계의 건설에 기여하는 실천적인 학문이다. 평화학의 연구범위는 크게 폭력과 평화로 구성된다. 폭력연구 없는 평화연구는 공허하고 평화연구 없는 폭력연구는 우울하기 때문이다. 그런데 여기서 폭력연구와 평화연구가 어떤 것인지, 그 둘의 결합은 어떻게 가능한지를 생각해 볼 필요가 있다. 이 질문은 평화학의 정체성은 물론 연구 범위와 방법과도 관련된 문제이다.

폭력에 대한 현상적 연구는 평화학의 일부라 할 수 있으나 본질적인 폭력연구는 더 깊은 연구를 기다리고 있다. 가장 쉽게 접하는 사회폭력을 예로 들어보자. 한 사회 내에서 연간 폭력이 유형별로 몇 건, 도합 몇 건, 신형 폭력이 무엇, 이에 대한 대책이 무엇…. 이런 식의 논의는 현상적 수준에서 벗어나지 못하고 그 대응도 대증요법(對症療法)을 넘어서지 못할 수 있다. 사실 이런 연구는 평화학이라기보다는 범죄학 혹은 형사학에 가깝다. 폭력 유형을 피해자 입장에서 파악하고 그 원인을 사회구조적 차원까지 다루고, 그 극복 방향을 평화주의 시각에서, 인권 증진의 방향에서 다룰 때 평화학적 접근이라 할 수 있다. 현상적 차원의 폭력연구를 구조적 차원으로 발전시키지 못한다면 평화연구는 사회구조적 지지가 없는 윤리적 호소나 처벌 위주의 접근에 그칠 수 있다.

윤리적 측면만을 강조하는 평화학은 평화의 속성과 평화구축을 왜소화시키고 그 현실성을 약화시킬 수 있다. 물론 평화학이 윤리성을 담고 있는 것은 사실이다. 평화학에서 윤리성은 연구 정향을 분명하게 해 줄 뿐만 아니라 그 자체가 연구의 일부분이기도 하다. 그러나 평화학이 윤리학은 아니다. 평화에 관한 연구를 윤리의 문제로 환원하면 평화학이 다루는 폭력·평화 문제를 둘러싼 현실의 다양한 요소들과 그 역사적 사회적 배경, 그리고 그들 사이의 관계를 무시하는 우를 낳게 된다. 앞에서 언급했듯이 폭력과 평화는 정신과 물질, 개인 · 사회 · 국가 · 지역 · 세계, 정치 · 이념 · 경제 · 군사 · 사회 · 문화 등 다양한 차원과 측면이 존재한다. 이런 점들을 고려하며 평화학은 평화조성, 평화유지, 평화구축 방안을 탐색하고 그 실현가능성을 다룬다. 물론 그런 과정이 폭력의 재발이 아니라 평화증진 과정으로 나아가도록 하기 위해서는 관련 당사자들의 평화윤리가 중요한 요소로 작용할 것이다. 그렇지만 그들의 이해관계를 합리적 기준과 방식으로 조정하고, 평화를 정의와 결합시켜 지속가능하게 할 제도와 규범을 만드는 일도 중요하다. 물론 평화학이 윤리성에 기반하되 그 현실성을 갖도록 하는 데 있어서 기존의 관련 분과학문에서의 방법론과 사례연구의 성과를 흡수하는 일은 유용하다.

이렇게 평화학에서 폭력연구와 평화연구는 중요한 두 구성 요소이되 별개로 전개되지 않고 상호 보완적으로 이루어진다. 두 연구를 (갈퉁의 어법을 빌려 말하면) '적극적' 차원에서 결합시킬 때 평화학의 본질을 반영하고 평화학의 발전에 기여할 것이다. 여기서 문화의 중요성을 언급해 두고자 한다. 적극적 폭력, 적극적 평화에 문화적 폭력과 문화적 평화가 중요한 위치를 차지한다. 폭력연구와 평화연구를 결합하는 데 있어서도 문화의 역할이 크다.

문화를 사고와 행동을 자연스럽게 하는 일련의 과정과 그 현상이라고 정의한다면, 폭력연구와 평화연구의 결합, 특히 폭력에서 평화로의 전환과 지속가능한 평화구축에 문화의 역할은 지대하다. 평화학에서 문화는 특정 문화가 평화와 잘 어울리느냐 혹은 평화형성을 위해 특정 문화를 어떻게 활용할 것인가와 같은 도구적, 실용적 태도를 넘어선다.

모든 문화에는 폭력과 평화의 요소가 공존한다. 평화는 문화상대주의 시각에서 그 가치가 축소되지 않고, 그 반대로 절대주의적 시각에서 문화를 무시하지도 않는다. 평화는 모든 문화를 관통해 추구할 보편가치이지만, 특정 문화에 있는 폭력과 평화의 요소들과 관계하며 다양한 색깔의 평화를 그린다. 이렇게 평화가 갖는 초(超)문화적, 간(間)문화적 성격은 평화학의 초학제적, 학제 간 성격과 상응한다. 가령, 국가주의, 민족주의, 군사주의가 어우러져 한 사회의 폭력문화가 재생산되는 방식을 규명한다면, 그것은 그 사회에 존재하는 폭력에 대한 포괄적 이해는 물론 평화구축과 그에 필수적인 평화문화를 형성하는 근거를 도출해 낼 수 있다.

한국에서 평화연구와 폭력연구가 별개로 이루어지고 있는 것도 한국 평화학의 현주소를 말해 준다. 두 종류의 연구 중 폭력연구가 더 많다. 이런 현상은 평화연구 진영의 작은 규모도 문제지만 한국사회의 현실도 반영하고 있다 할 것이다. 다만, 이런 현상을 긍정적으로 보면 평화연구와 폭력연구를 결합시켜 한국 평화학의 밑바탕을 다지는 의의가 있다.

인본주의와 생태주의의 만남

세 번째 과제는 평화를 인간들 사이의 문제만이 아니라 우주, 자연과 연결 짓는 작업이다. 평화를 소극적으로 정의하든 적극적으로 정의하든 평화학이 다루는 기본적인 영역은 거의가 사람과 사람들과의 관계에서 비롯되는 문제들이다. 전쟁 중단, 갈등 예방, 민주주의, 인권, 법치, 평등, 다문화주의 등. 이 모두가 사람들 사이의 문제이다. 일반적으로 소극적 평화는 전쟁 방지, 그리고 적극적 평화는 위에서 열거한 나머지 관심사들을 다룬다. 어느 경우에도 사람들 사이의 관계가 주 관심사이다. 이들 '전통적' 평화학의 시각을 인간중심주의(ethnocentralism)라고 부른다면 과도한 호칭일까. 이들 사람 중심의 평화학에 문제는 없는가. 가령, 전쟁을 예방하고 적극적 평화를 형성하는 데 자연이 일부 훼손되거나 권력정치와 타협을 해도 그것을 평화라는 대의 아래 수용할 수 있는가. 한국의 경우 소극적 평화마저 정착되지 않은 상황에서 이런 문제제기가 얼마나 적실성이 있을까?

평화학이 인간중심주의를 극복해야 할 필요성은 크게 두 가지 측면에서 말할 수 있다. 현대 자본주의 문명은 전쟁과 함께 환경 파괴를 포함한 생태적 불균형을 초래하였다. 세계 자본주의는 군사주의와 성장주의를 양대 축으로 하여 전개되어 왔고 이제 그 한계와 문제점이 명백하게 드러나고 있다. 한편으로 대량살상무기(WMD)의 개발과 확산, 종족 간 혹은 국가 간 대결은 인류의 생존을 위협하고 있고, 다른 한편으로 세계화된 자본주의체제의 무한 이윤추구와 인간의 무한 소비문화는 기후변화 등 다른 방식으로 인류의 생존을 위협하고 있다.

이런 이중의 인류생존 위기는 인간들에 의한 인간 및 환경 파괴에 근본적인 원인이 있다. 전쟁과 환경 파괴는 탐욕이 지배하는 인간중심주의에 근원을 두고 있기 때문에 평화학은 전쟁 방지와 함께 비평화적인 인간 삶의 주요 측면인 생태 문제도 적극 다룰 필요가 있다. 군사기지 건설 혹은 이전, 핵발전소 및 고압 송전탑 건설, 세계적인 체육행사장 건설 등지에서 일어나는 자연훼손과 공동체 파괴는 생태평화를 위협하는 전형적인 사례들이다. 그러나 이런 비평화 사례들에 대해 평화운동이 고군분투하는 대신 평화연구 진영은 거의 외면하는 것처럼 보인다.

둘째, 철학의 문제로, 인간이 지구를 지배해 온 생물이지만 인간이 지구상 유일한 존재가 아니고 인간 외의 생물과 공생하지 않으면 인간의 생존도 불안정하다는 깨달음이다. 그러므로 평화학이 전쟁 방지로 자신의 임무를 국한시키거나 무한성장을 명분으로 환경 파괴에 무관심하다면 평화학의 존재이유는 근본적인 도전에 직면할 것이다. 평화학은 소극적・적극적 평화를 탐구하지만 그것은 인간의 평온, 인간 집단 간 공존은 물론 인간과 자연의 공생을 포함한다. 생태 균형의 원리와 그 파괴에 대한 자연의 반응-'환경 저항' 혹은 '자연의 역습'-에 관한 관찰은 평화학을 생태분야로 확장시키는 데 기여하였다. 소위 생태평화론의 부상이다.

생태평화론은 지속가능한 발전(sustainable development)의 내용과 조건을 제공한다. 지속가능한 발전이란 자연과 발전의 관계를 말하고, 그 조건이란 발전 문제에 대한 민주주의의 개입을 말한다. 인간중심주의에 대한 갈퉁의 비판의식은 그가 평화학의 주요 내용으로 삼은 폭력연구에서도 나타난다. 갈퉁은 자신의 주요 저작인 『평화적 수단에 의한 평화*(Peace by Peaceful Means)*』의 제3부 '발전이론'에서 폭력을 "인간의 기본적 필요, 더 일반적으로는 생명에 대한 피할 수 있는 모욕"이라고 정의한 바 있다.

그는 자연 공간에서 직접적 폭력은 적자생존, 구조적 폭력은 환경 파괴이고, 직접적 평화는 상호 원조와 협력, 구조적 평화는 인간중심적이지 않은 생태평화(eco-peace)로 파악한다. 갈퉁이 서구의 인권관을 인간중심주의라고 비판하고 인권에 생태문제를 연관시킨 것도 그의 생태평화론과 궤를 같이한다. 또 갈퉁은 *Human Rights in Another Key*(1994)의 제4장에서 자연친화적인 인권론을 전개하고 있다. 거기서 갈퉁이 발전을 성장이 아니라 '순환'으로 보고 있음을 구체적으로 알 수 있다. 한국의 평화학이 적극 수용할 필요가 있는 대목이다.

이미 박맹수, 장일순, 김지하 등과 같은 실천적 생태연구자들은 한국의 토착사상을 바탕으로 생태 · 생명론을 제시하고 있다. 나아가 생명농업, 생협운동과 같은 생태사회운동이 번지고 있는 작금의 현상은 한국 생태평화학의 전망을 밝게 하고 있다. 이와 같은 실천적인 생태평화연구 진영에서는 '지속가능한 발전'도 생태위기 속에서 성장을 지속하기 위한 책략이라 비판하고 '검소한 풍요의 문명'을 설계하는 탈성장 혹은 무성장의 길을 고민하는 단계로 나아가고 있다.

통일평화론의 정립

넷째, 한반도발 평화학의 핵심 과제로 분단·통일 문제에 대한 평화학적 분석과 대안을 제시하는 일이다. 많은 학문이 그렇지만 근대화와 세계화의 파도에 직면하여 평화 문제도 서구의 패러다임이 그대로 도입되어 평화학의 ABC를 구성해 온 것이 사실이다. 분단정전체제 하의 한반도에 알맞은 평화학, 한반도에서 출발하는 평화학이 필요하고 그 가능성이 풍부한데도 말이다. 한반도의 특수 상황인 분단 문제를 아우르면서 평화학을 정립할 필요성을 제기하는 이유가 여기에 있다. 특수 문제인 분단을 어떻게 보편논리인 평화학에 접합하여 하나의 체계를 만들어 낼 수 있을까. 이름하여 '통일평화론'의 가능성이다. 먼저 우리 사회에서 나타난 기존의 통일론과 평화론의 한계, 그리고 그 둘의 소통 부재는 새로운 현상이 아니지만 위 문제의식에서 다시 생각해 볼 필요가 있다. 기존 통일론은 남북 간 혹은 정권마다 그 양상은 달라도 민족주의, 국가주의에 함몰되어 있었다.* 분단

---

* 이에 관한 상세한 논의는 서보혁, 〈보편주의 통일론과 인권·민주주의 친화형 남북관계의 탐색〉, 『세계지역연구논총』제32집 1호(2014), 7-32쪽 참조.

은 전쟁과 체제경쟁을 초래하였고, 그것은 상대를 부정하는 국가주의 통일론을 만들어냈다. 물론 남북 화해국면에서는 민족의 재결합을 중심으로 하는 민족주의 통일론으로 나타났다. 그러나 분단정전체제에서 민족주의는 체제경쟁의 포로가 되었고, 남한의 경우 경제성장에 이은 민주화 이후에는 그 설득력이 도전받기 시작했다. 또 기존 통일론에서 평화는 주로 수단이나 절차로 간주되었다. 남북한의 공식적인 통일방안과 남북 간 합의에서 평화는 체제존중, 분쟁의 평화적 해결, 평화체제 형성, 평화통일에서 보듯이 주로 통일을 달성하는 조건 혹은 수단으로서의 의미를 크게 벗어나지 못하였다. 한반도의 불안정과 힘에 의한 통일 구상 등을 고려할 때 평화적 통일의 중요성은 결코 줄어들지 않는다. 평화통일(peaceful unification)론이 그것이다. 그러나 수단으로서의 평화가 목적으로서의 통일의 하위 개념으로 남아 있는 이상 그 평화는 위협받을 수밖에 없다. 무력통일, 흡수통일, 급변사태 대비 등과 같은 비평화적 통일 노선이 평화적 수단을 쉽게 압도할 수 있기 때문이다.

기존 통일론은 남북 간 체제경쟁의 덫에서 완전히 벗어나지 못하고, 우리 사회 내 세대 간 통일의식의 차이를 반영하지 못하고, 국제사회의 지지를 얻는 데도 한계를 노정하고 있다. 국가주의와 민족주의에 갇힌 통일론이 한반도 비핵화 프로세스와 맞물려 있는 평화론과 결합하지 않을 경우 정치적 수사(rhetoric)로만 호명될 뿐이다. 베트남, 독일, 예멘 등 앞선 통일 사례를 살펴볼 때 통일평화론은 한반도 통일 과정에서 평화와 공존의 학습은 물론 사회정의와 화합까지 담아내는 개념이다. 교황의 말씀처럼 평화는 정의의 열매이고 사랑의 실천이므로.

한편, 분단정전체제의 맥락에서 기존의 평화논의는 주로 북한의 위협을 어떻게 대처할 것인가와 같은 전략연구, 평화체제를 어떻게 실현할 것인가와 같은 제도주의적 접근이 주를 이루었다. 또 기존의 평화논의에는 남북 중심의 통일론과 달리 북미관계, 국제사회의 개입 등 행위 주체의 다변화를 보이기도 하고, 평화가 통일 문제와 별개로 접근하거나 통일의 전제조건인 것처럼 간주되는 경우도 적지 않았다. 한반도에서 통일 문제과 결합되지 않는 평화논의는 분단정전체제의 현상유지를 정당화할 가능성, 소위 분단고착형 평화론의 위험을 안고 있다. 한반도발 평화가 통일을 끌어안아야 하는 이유다.

이상 기존의 통일론과 평화론은 각각 분단정전체제의 일부를 강조함으로써 한반도 문제에 대한 온전한 접근에 한계를 보였다. 이 둘을 묶어 내는 새로운 이론, 곧 통일평화론의 정립 필요성이 높아지고 있다. 통일평화론을 제기하는 배경에는 기존의 개별적인 통일론과 평화론의 한계 말고도 한반도 문제의 국제화도 한몫하고 있다. 여기서 한반도 문제의 국제화는 현상과 정책, 최소한 두 가지 의미를 띤다. 북한의 핵·인권·빈곤 문제, 남북관계 등으로 인해 한반도 문제는 국제적 관심사가 되었다. 그에 따라 한국의 대북정책, 통일외교는 국제사회의 보편 규범을 준수하는 한편 국제사회의 지지를 이끌어 내야 할 필요성이 더 커졌다. 실제 한반도 문제는 대부분 국제사회에서 통용되고 국제사회가 지향하는 평화의 콘텐츠(contents)를 풍부하게 보유하고 있다. 평화와 안보는 물론, 인도주의, 화해, 인권, 민주주의, 지속가능한 발전까지. 그런 점에서 한반도발 평화학은 분단의 맥락 안에서 이미 보편성을 내장하고 있다. 역시 관건은 통일 문제다. 어떻게 평화학의 시각에서 한반도의 특수 과제를 융해시켜 낼 것인가?

통일평화론에서 평화는 수단일 뿐만 아니라 목표이고 과정이다. 통일은 평화적으로 달성해야 하는 동시에 한반도 전역에 평화가 구현되는 과정을 밟아 나가 결국 평화공동체를 추구한다. 이때 지향하는 평화는 소극적 평화와 적극적 평화, 둘 모두다. 둘 사이의 경중은 없지만 실현 과정에서 조성될 현실 조건을 반영해 전략적으로 둘의 상대적 비중을 검토할 수는 있을 것이다. 통일평화론에서 정의되는 통일은 민족재결합뿐 아니라, 평화와 다른 보편가치들을 한반도에 구현하는 과정과 그 결과를 의미한다.

다시 갈퉁의 어법을 빌려 말하면, 통일평화론에서 통일은 적극적 통일론을 포함한다. 통일이 평화주의의 영향을 물씬 받은 결과다. 대개 통일을 분단정전체제의 극복으로 말해 왔지만, 통일평화는 통일의 정향까지 포함하고 있다. 달리 보면 한반도에서 평화는 통일을 통과하되 통일에 그치지 않는 지속가능한 평화를 밟아 간다. 이때 통일은 평화와 대립하거나 선후의 관계에 있지 않고 형식과 내용의 관계에 가깝다. 요컨대 통일평화론은 통일론과 평화론의 결합, 구체적으로 한반도 특수성과 세계 보편성을 결합하는 이론화 작업이자 그런 담론의 합일을 실천으로 구현하려 한다. 그럴 때 통일평화를 달성할 내적 에너지와 외적 지지를 함께 극대화할 수 있을 것이다. 다만, 통일평화론의 이런 비전이 현실성을 갖고 실천 가능한 의미를 제시하려면 통일평화의 안티테제(anti-thesis)로서 분단정전체제가 재생산하고 있는 비평화 폭력 구조에 대한 냉철한 이해가 있어야 할 것이다. '분단폭력'론이 그것이다.* 평화연구가 폭력연구를 전제한다고 했는데, 한반도의 경우에도 통일평화 구상은 분단폭력에 대한 이해를 전제로 한다.

평화국가론의 확립

평화국가? 마지막 연구과제는 모순적인 주제다. 주류 사회학의 태두 베버(M. Weber)나 비주류 거의 모든 사회과학의 태두 마르크스(K. Marx)는 근대사회에서 국가가 합법적 폭력기구라는 데 생각을 같이했다. 그런 국가에 평화를 기대한다니 말이 되는가? 반봉건, 권위주의, 냉전, 가부장제, 그리고 군사주의 등 각양의 폭력의 영향 아래에 놓인 한반도에서 국가폭력은 이루 말할 수 없다. 전쟁으로 죽고, 전쟁 위험을 이유로 전쟁준비에 동원하고 실제 전쟁에 끌어가고, 이적행위 혐의로 잡아 가두고, 정부를 비판했다고 잡아가 고문하고 아니면 사찰하고….

그런데 우리는 국가가 최대의 인권침해기구라고 비판하면서

* 분단폭력에 대한 상세한 논의는 김병로 · 서보혁 편, 『분단폭력』 (서울: 아카넷, 2016)을 참조.

도 국가에 인권 증진을 요구한다. 이런 이중성은 그런 생각을 한 대중에게 있지 않다. 야누스 같은 국가의 모순성에 있다. 전쟁이 완전히 끝나지 않은 한반도에서 (소극적) 평화를 실현하려면 평화를 파괴한 국가가 움직여야 한다. 이 지독한 역설이 현실이다.

평화국가론은 2000년 6 · 15 남북공동선언 이후 개선된 남북관계를 배경으로 남북 각각, 그리고 상호 정체성 변화(적에서 친구로)를 바탕으로 한반도의 항구적 평화를 추구하는 대안적 국가체제 구상이다. 박순성, 구갑우, 이대훈, 이태호 등 참여연대 평화군축센터에 속한 일단의 평화 연구자들과 운동가들이 제안했다. 6 · 15 공동선언 이후 남북관계는 화해협력 프로그램의 전개로 상호 적대감이 줄어가는 듯 보였다. 그러나 서로를 향한 근본적인 불신은 사라지지 않았다. 남북이 상대를 적으로 간주하고 군비를 증강해 온 기존의 '안보국가' 정체성과 그 관행에서 벗어나지 못한 것이 그 증거다. 군사주의와 권위주의에 기반을 둔 안보국가하에서 남북 화해와 협력은 안보국가를 지탱하는 공안기구들에 의해 억압, 견제받고 있다.

그 너머를 상상하는 평화국가론은 북한과의 새로운 관계 맺기, 한미 군사동맹의 대안 찾기를 주요 과제로 하고, 국가의 기획이 아니라 시민 참여에 의한 국가 성격의 전환을 추구한다. 북한과는 적이 아니라 형제, 친구라는 긍정적인 공통 정체성으로 관계 맺고 그런 방향으로 발전하기 위해 남북 화해 · 교류 · 협력으로 대결과 불신을 걷어 내자는 발상이다. 같은 맥락에서 불평등한 한미동맹 관계는 대등한 관계로 전환하되, 남북관계 발전에 발맞추고 동북아 다자안보협력 구도를 지지하는 방향으로 변화해야 한다는 구상이다. 그런 과정에서 통일 · 외교 · 안보정책에 대한 문민통제 원리와 민주주의의 개입을 높여 안보국가를 평화국가로 대체해 나간다는 발상이다. 이 경우 한국은 역내 군비경쟁을 줄이고 잠재적인 분쟁 가능성을 예방해 평화와 번영을 가져오는 평화 중재자 역할을 할 수 있다는 기대도 스며 있다.

그러나 평화국가론은 적지 않은 비판에 직면하였다. 제기된 지적들 중에는 ① 평화국가론에서 말하는 평화는 어떤 평화인가, 소극적 평화로 한정되는가 적극적 평화로 나아가는가, ② 시민사회는 국가와 어떤 관계를 맺는가, ③ 안보국가를 문제시 할 때 안보와 국가 중 어느 쪽을 더 문제시할 것인가, ④ 남북관계 개선과 북한 문제(대표적으로 인권 문제)를 어떤 조건하에서 다룰 것인가 등과 같은 의문들이 포함됐다. 이에 대해 평화국가론을 제창한 쪽은 평화와 국가, 평화와 통일, 평화와 복지 등의 측면에서 평화국가론을 구체화시킬 과제를 고민하고 있다.

이와 함께 평화국가론이 등장한 현실 배경이 사라지면서 평화국가론은 곤경에 빠지기 시작했다. 2008년 이후 다시 남북관계가 악화되고 북한의 핵능력 강화가 지속되는 형국에서 분단정전체제 극복을 위한 기본 전략을 제시해야 하는 과제에 직면한 것이다. 그래서 평화국가론이 통일을 상정하는지, 아니면 평화적인 남북관계에 만족하는지가 일차적인 검토 주제가 될 것이다. 이 문제는 평화국가론이 평화통일론에 서 있는지, 아니면 통일평화론을 지지하는지와 관련되어 있다. 평화국가론은 오랜 기간 사실상의 두 국가를 지속해 온 분단정전체제에 대한 인식과 그 극복에 관한 논의를 본격적으로 전개하지 못하고 있다. 또 평화국가론은 한반도를 둘러싼 국제정치적 차원에서의 비전을 제시하지 못하고 있고, 북한 변화에 관한 평화주의적 전망도 논의 과제로 안고 있다. 이런 점들에 답하지 못할 경우 평화국가론은 일시적인 담론에 그치고 말 것이다.

이와 관련해 최근 '평화복지국가'론이 논의되고 있다. 복지사회로의 사회 시스템 전환과 한반도 평화정착이 담론, 현실, 정책 등 여러 측면에서 불가분의 관계에 있다는 인식에 따른 것이다. 그러나 이 담론도 평화국가론과 마찬가지로 초보적인 수준에 머물러 있어 향후 본격적인 연구를 기다리고 있다.

근본적으로 평화국가론은 합법적이고 독점적인 폭력기구인 국가에 평화를 보장하라는 기획의 딜레마에 빠져 있다. 또 평화국가론에서 제기한 평화 기획이 남북관계의 평화적 관계로의 전환에 초점을 두고 있어, 남 · 북한 내부의 평화와 동아시아 평화에 대한 관심이 부족하다. 그리고 평화국가론에서 평화는 적극적 평화로 파악하기 어려운 한계를 보이고 있다. 이는 평화국가론이 한반도의 특수성을 반영하려는 노력이 담겨져 있지만, 담론 차원을 넘어 현실적인 기획으로서 접근할 때 그 동력을 어디에서 찾을 것인지에 대한 검토가 깊어야 함을 말해 준다. 그럼에도 평화국가론은 한국의 평화학이 이론에 그치지 않고 평화가 절실한 대지 위에 어떤 정향을 갖고 역할을 할 수 있는지를 암시해 주고 있다.

이상 다섯 가지가 한국에서 평화학이 자리 잡아가는 과정에서 답해야 할 우선과제들이다. 이들 과제는 물론 간단치 않고 묵직한 주제들이다. 이 주제들은 한국의 평화학 정립에 우선되는 과제들이지, 그 전체는 아니다. 이들 다섯 주제는 서로 연관되어 있어 각 주제를 순차적으로 탐구하는 방식으로 진행할 성질도 아니다. 또한 특정 분과학문이 책임지고 머리를 싸매면 해결될 것도 아니고,

평화운동과 소통 없이 책상머리에서 정리될 문제도 아니다. 평화학을 한다고 자신을 규정하는 연구자들이 위와 같은 주제로 서로 만나고 현장에서 실천하는 사람들과 소통을 넓혀 갈 때 그 답을 찾아갈 수 있을 것이다. 도처에서 시대의 불행을 보여 주는 징후들이 제각각 드러나고 있다. 그 너머를 상상하고 실현가능한 길을 마련하는 일이 평화학도의 소임이다. 물론 그 소임은 평화운동가와 소통하고 연대할 때 보다 잘 감당할 수 있을 것이다.

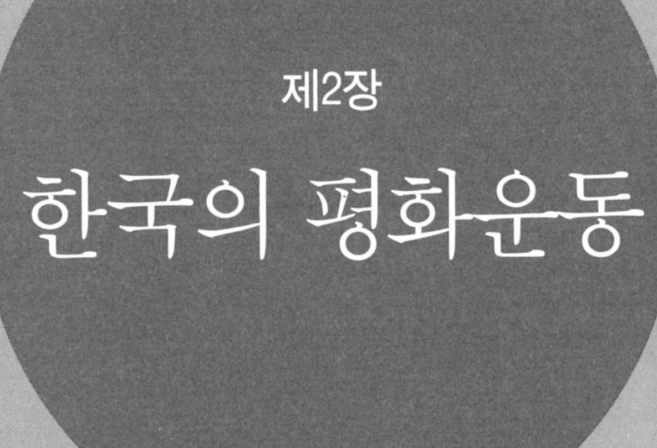

제2장

한국의 평화운동

1. 한국에서 평화운동이란?

한국에서 평화란 무엇일까? 평화운동을 논하기에 앞서 짚어봐야 할 질문이다. 이러한 질문에 대해 사람들마다 자신이 처한 환경과 관심사에 따라 그 답은 달라질 수 있다. 국가안보를 책임진 정부와 군은 북한의 위협에 대응해 강력한 군사력을 건설하고 준비태세를 갖추는 것이 평화라고 말한다. 앞서 언급한 '힘에 의한 평화'다. 그러나 이건 불안하고도 소극적인 평화다. 이에 따라 북한과 화해와 협력을 하고, 60년 넘게 유지되고 있는 분단 정전체제를 평화체제로 전환하는 것이 평화라고 주장하는 사람들도 있다. 더 나아가 평화적 통일 달성이 평화의 핵심적인 조건이라고 말하는 사람들도 있다.

핵 문제도 비슷한 관점에서 살펴볼 수 있다. 한국은 미국의 '핵우산' 아래에 있는데, 그 덕분에 북한의 남침을 억제하고 평화를 유지하고 있다는 게 한미 양국 정부의 공식 입장이다. 그런데 북한도 이와 똑같은 주장을 하고 있다. 자신의 핵 억제력 덕분에 미국의 침략을 억제하고 한반도의 평화를 유지하고 있다는 것이다. 하지만 핵에 의한 평화, 공포의 균형에 의한 평화는 결코 온전하지도, 바람직하지도 않다. 평화는 서로가 핵무기에 안보를 의존하지 않는 상태, 더 나아가 핵무기를 포기해 비핵화를 달성할 때 비로소 보다 공고해지고 안정적일 수 있게 된다.

전쟁과 군비경쟁은 주로 국가 사이에 벌어지기 때문에 국가 간의 관계를 어떻게 풀 것인가도 평화 문제의 핵심적인 사안이다. 한국은 1990년대 초반 소련(현재는 러시아), 중국과 관계정상화를 이뤘다. 이에 따라 한국의 평화 상태는 그 이전보다 더 좋아졌다고 할 수 있다. 반면 북한은 미국 및 일본과 여전히 관계정상화를 이루지 못한 채 적대관계를 지속하고 있다. 이에 따라 북한은 세계에서 가장 고립된 나라가 되고 말았다.

이러한 상황과 관련해 대립적인 시각이 있다. 한쪽에서는 북한이 핵과 미사일을 포기하고 인권 상황을 개선해야 관계정상화를 이룰 수 있다고 주장한다. 다른 한쪽에서는 이러한 북한의 문제들을 풀기 위해서라도 한국, 미국, 일본이 북한과의 관계 개선 및 정상화에 나서야 한다고 주장한다.

이렇듯 한국에서 평화 문제는 상당 부분 북한과 관련되어 있다. 하지만 더욱 심각한 문제가 있다. 북한의 위협을 이유로 한

이라크 파병 반대집회

국 내에 반평화적이고 인권 침해적인 상황을 정당화하려고 하는 것이다. 유엔은 물론이고 미국 정부조차 개정이나 폐지를 권고하고 있는 국가보안법은 여전히 남아 있다. 김대중과 노무현 정부 때에는 남용되는 사례가 조금 줄어드는 듯했지만, 이명박과 박근혜 정부 들어서 오히려 강화되고 있다. 대다수 민주주의 국가들은 양심에 따른 병역거부를 인정하고 대체복무제를 도입하고 있지만, 한국은 북한의 위협을 이유로 인정하지 않고 있다. 이에 따라 매년 700명 안팎의 청년들이 감옥으로 가고 있다. 또한 정부에 대한 비판적인 목소리를 억누르기 위해 종북이니 친북이니 하는 색깔론 딱지를 무차별적으로 붙이고 있다.

평화 문제는 '총과 밥의 논쟁'을 품고 있다. 제한된 자원을 어느 부분에 우선적으로 투입해야 하느냐의 논쟁이다. 한국은 군사비 지출이 세계 10위권에 달한다. 반면 복지비 지출은 주요 국가들 가운데 최하위권에 속한다. 북한의 군사비보다 약 30배나 많은 군사비를 수십 년 동안 쓰면서도 아직 북한의 군사력보다 약하다며 국방비 지출을 계속 늘리려고 한다. 이러다 보니 복지 수요는 크게 늘고 있는데 복지비 지출은 여전히 낮은 상태를 벗어나지 못하고 있다.

한국에서 평화 문제는 한미동맹 관계에서도 많이 나타난다.

세계 10위권의 국력을 갖춘 한국은 세계에서 유일하게 전시 작전통제권을 갖지 못하고 있는 나라다. 미국도 가져가라고 하는데, 한국 정부와 군은 시기상조라며 계속 미루려고 한다. 한국은 또한 세계에서 미국 무기를 가장 많이 수입하는 나라다. 성능이나 가격보다 한미동맹이라는 정치적 고려가 무기 도입 결정 과정에서 강력한 영향력을 발휘한다. 미군이 쓰는 기지와 그 주변이 오염되어도 제대로 대응할 수 없고, 미군이 범죄를 저질러도 재판권을 한국이 행사하는 경우는 드물다. 미국이 한국 안보를 지켜 주고 있으니 이 정도의 피해와 불편은 감수해야 한다는 생각이 강하기 때문인지도 모른다.

미국은 세계에서 전쟁을 가장 많이 하는 나라다. 이러다 보니 한국에게 종종 파병 요구를 한다. 그런데 한국 정부가 미국의 파병 요구를 거부한 사례는 거의 찾아보기 어렵다. 멀게는 베트남 파병부터 가깝게는 아프가니스탄과 이라크 파병에 이르기까지, 미국의 요구에 따라 한국군이 파병되는 경우가 많다. 미국이 벌이는 전쟁의 정당성과 한국군 파병의 적실성은 한미동맹이라는 논리에 압도당하고 있기 때문이다.

한반도 평화 문제와 관련해 빼놓을 수 없는 것이 바로 한미 합동군사훈련이다. 한미 양국은 매년 이른 봄에는 '키 리졸브/독수리 훈련'을, 늦여름에는 '을지프리덤 가디언 훈련'을 실시한다. 이 밖에도 수시로 연합훈련을 벌이고 있고, 최근에는 한·미·일 3국이 군사훈련을 벌이는 경우도 발생하고 있다. 그런데 이러한 군사훈련을 벌일 때마다 북한이 반발하면서 한반도의 안정과 평화가 위협받곤 한다. 이에 따라 한미군사훈련을 둘러싼 갈등을 어떻게 푸느냐는 한반도 평화의 오래되고도 시급한 과제가 되고 있다.

한국의 평화운동은 이러한 문제들을 두루 다룬다. 분단정전체제를 평화체제로 바꾸고 평화적 통일을 실현하자는 운동이 대표적이다. 또한 핵 문제도 북핵 문제뿐만 아니라 미국 핵 문제까지 해결해야 한다고 주장한다. 미국의 완전한 핵무기 포기는 현실적으로 어렵더라도, 최소한 북한에 대한 핵무기 사용 위협은 해소되어야 한다고 주장한다. 또한 남북관계를 개선하고 북미관계와 북일관계를 정상화함으로써 한반도 교차승인 구도를 완성해야 한다고 요구한다. 한국의 평화운동단체들은 이러한 문제들이 서로 긴밀히 연결되어 있기 때문에 포괄적인 해법을 촉구하고 있다.

또한 북방한계선(NLL)를 둘러싼 갈등의 평화적 해결, 반북 단체들의 대북 삐라 살포 중지, 대인지뢰 제거, 이산가족 상봉 문제와 금강산 관광사업 재개 문제의 포괄적 해결, 천안함 침몰 원인 재조사 및 5.24 대북 제재조치 해제 등도 최근 중요하게 다루고 있는 사안들이다. 한국 민주주의와 인권 신장을 위해 국가보안법을 폐지하고 양심에 따른 병역거부를 인정해 대체복무제를 도입해야 한다는 운동도 계속하고 있다. 병력을 감축하고 무기 구매를 줄여 교육 및 복지 지출을 늘려야 한다는 운동도 있다. 사병을 소모품 취급하고 인권을 침해하는 군대문화를 혁신해야 한다는 요구도 점증하고 있다.

한미관계를 재정립해야 한다는 목소리도 높다. 주한미군주둔군 지위협정(SOFA)을 개정해 환경오염 및 미군 범죄 해결에 보다 적극적으로 나서야 하고, 한국이 미국에게 요구하는 방위비 분담금도 줄여야 한다고 요구한다. 미국이 주도하는 미사일방어체제(MD) 및 한미일 삼각동맹에 대한 반대운동도 활발하다. 한미 군사훈련을 반대하거나, 군사훈련 중단을 북한의 핵실험 및 미사일 발사 동결과 연계해 대북 협상에 나서야 한다는 요구도 계속하고 있다. 파병 반대운동 역시 한국 평화운동의 가장 중요한 분야 가운데 하나로 자리 잡고 있다.

이 밖에도 평화운동이 다루고 있는 문제들은 많다. 평화단체들은 여러 이슈들을 동시에 다루기도 하고, 특정 이슈를 전문적으로 다루기도 한다. 또한 중대한 문제에 대해서는 많은 단체들이 함께 힘을 모으기도 한다. 아울러 단체뿐만 아니라 개인적으로 평화운동에 동참하는 사람들도 많다. 이렇듯 한국 평화운동은 어려운 조건과 환경 속에서도 평화를 만들겠다는 신념으로 뚜벅뚜벅 걸어가고 있다.

2. 한국 평화운동의 태동과 현황

평화운동의 기본은 전쟁을 막는 데 있다. 이러한 관점에서 본다면, 한국의 평화운동은 백범 김구 선생에서 시작되었다고 해도 과언이 아니다. 그는 1948년, 남북한이 분단정권 수립의 길로 들어서자 '동족상잔의 비참한 내전이 발생할 위험'이 있다며 단독정부 수립 반대, 통일국가건설운동에 나섰다. 이러한 사례에서도 알 수 있듯이, 한국의 평화운동은 통일운동과 불가분의 관계에 있다.

결국 한반도가 분단되고 전쟁이 일어나자 몇몇 선각자들이 평화운동에 나섰다. 최능진과 김낙중이 대표적인 인물이다. 한국전쟁 발발 직전에 이승만 정권에 의해 투옥된 최능진은 형무소 수감 중에 전쟁이 터지자 옥중에서 정전 · 평화운동을 벌였다. 하지만 이승만 정권은 그를 군법회의에 회부해 사형을 선고하고는 처형하고 말았다. 비슷한 시기에 김낙중은 '탐루(探淚, 눈물을 찾는다)'라고 쓴 연등을 들고 부산 광복동에서 1인 시위를 벌였다. 전쟁통에 자식과 남편을 잃고 통곡하는 아낙네의 울음소리가 산천을 뒤덮고 있는 만큼, 이 전쟁을 하루빨리 끝내야 한다는 호소였다. 당시 청년이었던 김낙중은 간첩죄로 여러 차례 옥고를 치르면서도 평화통일운동의 한길 인생을 살아왔다.

박정희, 전두환 군사폭압 통치하에서 함석헌, 장일순, 문익환을 비롯한 평화사상가들이 나타나 정신적 지주 역할과 운동의 지도자 역할을 겸했다. 문필가이자 민중운동가인 함석헌은 동서양의 생명철학과 식물의 씨 및 동물의 알을 결합해 '씨알사상'을 집대성했다. 생명과 인간 중심의 씨알사상은 오늘날까지 평화운동에 큰 영감을 주고 있다. 서예가이자 사회정치운동가였던 장일순은 '중립화 평화통일'의 선구자라고 할 만하다. 그는 1960년에 강대국의 입장이 첨예하기 엇갈린 한반도에서 통일은 중립과 평화라는 두 원칙에 둬야 한다고 역설하다 3년간의 옥고를 치르기도 했다. 이후에는 강원도 원주를 중심으로 생명평화운동을 지속적으로 전개했다. 문익환 목사는 한국 평화통일운동의 대부이다. 대표적으로 1989년 3월에 북한을 방문해 김일성 주석과의 두 차례 회담을 가졌고, 그 자리에서 합의된 3단계 통일 방안은 남북한의 통일 논의에 큰 물꼬를 텄다. 이들 세 분은 일제시대에는 항일독립운동을, 군사독재 치하에서는 민주화와 평화통일운동을 했다는 공통점을 갖고 있다. 시대의 요청에 가장 충실하고도 헌신적인 삶은 살았던 사표들이다.

이처럼 개인적인 차원의 평화운동은 간간히 있었지만, 1945년부터 1980년대 후반까지 평화운동은 매우 부진했다. 우선 반공을 국시로 삼은 반공 독재정권들은 평화라는 말 자체를 불온시했다. 이 시기에 한국의 사회운동 진영은 평화통일을 주장했지만, 독재정권들은 이를 용공·친북이라는 색깔론을 씌워 탄압하기에 급급했다. 운동 진영 역시 평화를 보편적이고 독립된 가치로 보기보다는 반미운동과 통일운동의 일환으로 간주하는 경향이 강했다. 특히 1980년 5월 광주에서 발생한 전두환 정권의 야만적인 시민 학살에 미국이 방조했다는 사실이 알려지면서 주한미군철수를 의미하는 '양키 고 홈'이 운동권의 주요 슬로건으로 등장했다. 또한 미국이 한국에 대량의 핵무기를 배치한 사실이 알려지고 모의 핵공격이 포함된 '팀 스피릿' 훈련이 매년 진행되면서 학생운동권을 중심으로 반전·반핵운동이 활발하게 전개되기도 했다.

한국의 평화운동이 본격적으로 시작된 시기는 1990년대부터라고 할 수 있다. 그 테이프는 반핵평화운동본부가 끊었다. 1991년 3월에 약 600명의 발기인이 모여 발족한 이 단체는 반핵평화운동의 대중화를 표방하고 나섰다. 1980년대에 있었던 원전 반대운동과 핵무기 반대운동을 유기적으로 결합하고, 군사적 긴장 완화 및 불가침조약 체결을 공론화했으며, 군비축소를 통해 사회복지 증진을 주장하고 나선 것이다. 또한 대중교육과 홍보 활동을 전개해 반전평화의식을 조성하는 데도 힘썼다. 한국 평화운동의 1세대라고 할 법한 것이다. 그러나 이 단체의 일부 활동가들이 1993년에 국가보안법 위반 혐의로 구속되는 등 정권의 탄압을 받기도 했다.

1991년 미국과 이라크를 중심으로 걸프전이 발생하자 교회를 중심으로 반전과 한국군 파병 반대운동이 일어났다. 또한 주한미군철수와 같은 거대담론 중심의 운동이 서서히 쇠퇴하고, 미군범죄, 주한미군주둔군지위협정(SOFA), 미군기지 환경오염, 매향리 미군폭격장, 한국전쟁기 미군의 양민학살 등 인권의 시각에서 미군 문제를 다루는 단체와 활동들이 생겨나기 시작했다. 주한미군범죄근절운동본부는 1992년 기지촌 여성인 윤금이 씨가 미군에 의해 비참하게 살해되면서 기지촌 여성 문제 해결을 목표로 결성되었다. 또한 미군이 범죄를 저질러도 재판권을 미군이 행사하는 SOFA의 문제점을 개선하고자 여러 단체들이 'SOFA개정 국민행동'을 조직하기도 했다. 아울러 서울, 부산, 대구 등 주요 대도시에 있는 미군기지와 주변의 환경오염 문제해결과 조속한 기지 반환을 촉구하는 연대 활동도 활발하게 전개되었다. 이러한 활동들은 이후 SOFA 부분개정, 환경오염기지에 대한 한미 공동조사, 미군기지 일부 반환, 매향리 폭격장 폐쇄, 미군의 노근리 양민학살 사건에 대한 미국 정부의 사과 등의 성과를 낳기도 했다.

1990년대 중후반부터는 단체명에 '평화'를 명시한 단체들도 많이 생겨나기 시작했다. 1990년대에는 평화와 통일을 여는 사람들(1994), 평화를 만드는 여성회(1997), 평화네트워크(1999), 평화인권연대(1999) 등이 발족되었고, 2000년대 들어서도 평화통일시민연대(2002), 비폭력 평화물결(2003), 참여연대 평화군축센터(2003) 등이 창립되었다. 이 시기에 많은 시민사회단체들과 종교단체들이 평화운동을 단체의 주요 활동으로 삼기 시작했다는 점도 특기할 만하다. 한국여성단체연합, 환경운동연합, 녹색연합, 민중연대(현재는 진보연대), 민주노총, 한국노총, YMCA, YWCA 등 많은 단체들이 '반전평화'를 주요 사업으로 삼으면서 평화운동의 확산과 대중화에 동참하였다. 아울러 양심에 따른 병역거부 및 이를 지원하는 단체들도 이 시기에 많이 생겨났다.

1990년대 말부터 2000년대 초반의 평화운동은 다양한 분야에 걸쳐 진행됐다. 1997년 대인지뢰를 금지하는 '오타와 협약'이 체결되자, 많은 단체들은 '한국대인지뢰대책회의'를 조직해 대인지뢰 폐기 및 피해자 지원운동을 펼쳤다. 남북한과 미국은 휴전선은 물론이고 후방 지역에도 다량의 대인지뢰를 매설해 군인과 민간인 피해가 끊임없이 발생해 왔다. 하지만 당사자인 남북한과 미국은 2015년 현재까지 대인지뢰금지협약 가입을 거부하고 있다.

또한 이 시기에는 군비축소를 요구하는 운동도 일어났다. 1990년대 중후반 들어 북한은 대기근으로, 남한은 외환위기에 직면하면서 한반도 주민들은 생존의 벼랑 끝으로 내몰렸다. 그러자 평화네트워크를 비롯한 단체들은 남북한이 군사비를 축소해 주민들의 복지 향상에 써야 한다는 주장을 제기했다. 또한 군축이야말로 무력충돌 방지 및 평화통일로 가는 지름길이라고 여겨 다양한 활동을 전개했다. 하지만 이러한 군축운동은 남북한과 미국에 만연한 군사주의를 넘어서는 데에는 아직 역부족이다.

북방한계선(NLL)을 둘러싼 남북한의 갈등과 무력충돌을 평화적으로 해결하라는 요구도 평화운동의 주요 활동이다. 1999년과 2002년에 서해교전이 발생하자, 여러 단체들은 NLL 인근에 공동어로를 지정하고 비무장 평화수역으로 전환해야 한다는 운동을 펼쳤다. 이러한 요구는 2007년 10월에 열린 2차 남북정상회담에서 '서해평화협력특별지대' 창설 합의로 이어지면서 꽃을 피우는 듯했다. 하지만 남북 양측은 공동어로 지정 합의에 도달하지 못했고, 2008년 집권한 이명박 정부는 2차 정상회담에서 합의한 '10 · 4 선언' 이행을 거부하면서 서해의 평화는 수포로 돌아가고 말았다. 설상가상으로 2010년 3월에는 천안함이 침몰하고, 그해 11월에는 연평도 포격전이 벌어지면서 서해는 한반도의 화약고로 전락하고 말았다. 평화운동 진영에서는 천안함이 북한의 어뢰 공격으로 침몰했다는 정부의 발표에 이견을 제시하면서 보다 공정하고 객관적인 조사를 촉구했지만, 정부와 수구 언론은 이를 '종북'으로 매도하면서 일체의 이견을 허용하지 않는 모습을 보여 왔다.

넓은 의미의 평화운동이라고 할 수 있는 대북지원운동도 1990년대 중후반부터 본격화되었다. 경제 및 농업 정책의 실패, 잇따른 대가뭄과 대홍수 등 자연재해에 직면하면서 수많은 북한 주민들이 굶주리거나 먹을 것을 찾아 탈북하는 사태가 벌어졌다. 그러자 종교단체와 언론사를 중심으로 북한주민돕기운동이 전개되었고, 우리민족서로돕기, 남북어린이어깨동무와 같이 대북

지원을 전문적으로 하는 단체들이 생겨났다. 이들 단체는 식량 및 의약품 지원에서 시작해 농업, 산림, 에너지 등으로 활동 분야를 넓혀 왔다. 하지만 이명박 정부 출범 이후 남북관계가 경색되고 북한 정부 역시 인도적 지원을 받는 것을 꺼려하면서 대북 지원운동은 눈에 띄게 약화되었다.

2000년대 한국 평화운동의 대표적인 사례는 이라크전쟁 및 한국의 파병 반대운동이다. 미국은 2003년 3월 이라크 침공을 강행하면서 한국 정부에게도 파병 요청을 했다. 이때 노무현 정부는 의료 · 공병지원부대인 서희 · 제마부대를 파병했다. 그러자 젊은 평화운동가들로 구성된 이라크반전평화팀은 미국의 이라크 침공을 온몸으로 막기 위해 이라크 현지로 들어가서 전쟁 반대, 인도적 구호, 한국의 파병 반대활동을 전개했다. 많은 단체들과 인사들도 미국의 이라크 침공의 야만성을 고발하고 한국의 파병을 반대하는 운동에 적극 나섰다.

그런데 미국은 이라크 수렁에 빠져들기 시작한 2003년 하반기에도 추가 파병을 요구했다. 한국 정부 역시 파병을 통해 미국의 대북강경책을 완화할 수 있을 것이라고 기대하고는 파병에 호의적인 태도를 보였다. 그러자 한국의 파병 반대운동도 이 시기에 절정에 달했다. 서울을 비롯한 주요 도시에서는 수백, 수천 명이 참가한 촛불집회가 거의 매일같이 열렸다. 시민사회단체 대표들은 청와대를 방문해 노무현 대통령을 만나 파병 결정을 철회할 것으로 요구하기도 했다. 하지만 정부는 한반도 평화와 한미동맹을 명분으로 파병을 강행하고 말았다.

당시 한국의 파병 규모는 3,600명 규모로, 이라크 침공 당사국들 중 미국과 영국을 제외하곤 세계 최대 규모였다. 하지만 냉정하게 볼 때, 한국의 파병 반대운동은 다른 나라들에 비해 그 규모가 훨씬 작았다. 당시 미국의 대도시는 물론이고 유럽의 주요 도시들에서 이라크전쟁 및 파병 반대운동 규모는 10만 명을 넘기는 경우가 다반사였다. 하지만 한국에선 1만 명이 넘는 규모를 찾아볼 수 없었다. 그 핵심적인 이유는 노무현 정부를 바라보는 한국 시민들 및 시민단체들 사이의 다양한 입장에 있었다. 많은 국민들은 노무현 정부의 파병 결정을 불가피한 것으로 보았다. 또한 파병을 거부할 경우 미국으로부터 불이익을 당할 수 있다는 두려움도 팽배했다. 아울러 2004년 들어서 노 대통령 탄핵 사태가 벌어지면서 '파병 반대 촛불집회'는 '탄핵 반대 촛불집회'로 빠르게 옮겨갔다. 탄핵 반대집회에는 연일 수십만 명이 참여할 정도로 역대급 규모를 보였다. 안타깝게도 파병 반대운동은 탄핵 사태를 거치면서 빠르게 수그러들고 말았다.

지금은 물론 앞으로도 상당 기간 한국 평화운동의 핵심 분야는 한반도 비핵화 및 평화체제 구축운동이다. 한국전쟁이 종전이 아니라 정전(휴전)으로 귀결되면서 분단정전체제를 평화체제로 대체하기 위한 노력은 한국 평화운동의 가장 핵심적인 분야라고 해도 과언이 아니다. 그런데 2003년 들어 한반도 핵위기가 다시 불거지고 말았다. 1990년대 초반 1차 위기는 북미 간의 제네바 합의로 인해 해결 국면으로 접어들었다. 하지만 2001년 들어선 미국 부시 행정부가 북한과의 협상을 중단하고 북한 위협을 근거로 미사일방어체제(MD) 구축을 강행하려고 하면서 한반도 정세는 또다시 극도의 불확실성에 휩싸이기 시작했다. 부시 행정부는 2002년 1월 북한을 이란, 이라크와 함께 '악의 축'이자 선제공격 대상에 올려놓았다. 급기야 그해 10월에는 고농축우라늄(HEU)을 이용한 북한의 비밀 핵개발 논란까지 벌어지면서 한반도 평화를 어렵게 유지해 왔던 제네바 합의는 파기되고 말았다.

이처럼 부시 행정부의 대북강경책과 북한의 핵개발 시도로 한반도 위기가 빠르게 고조되자 한국의 시민사회도 발 빠르게 움직였다. 평화운동단체뿐만 아니라 다른 분야의 단체 및 인사들도 대거 참여해 다양한 활동을 전개했다. 이들은 북핵 문제의 뿌리를 캐내기 위해서는 그 토양이 되어 온 한반도 분단정전체제를 평화체제로 바꾸고 남북관계 발전과 북미관계 정상화가 필요하다고 요구했다. 이러한 요구를 알리기 위해 언론 기고, 대중 집회, 토론회, 강연회, 국회 공청회 등 다양한 방식을 동원했고, 한국 정부와 미국 정부 관계자들을 만나 평화적인 해결 방안을 전달하기도 했다. 특히 평화단체뿐만 아니라 주요 인사와 국회의원으로 구성된 '한반도 평화 국민협의회'에서는 미국친우봉사회(AFSC)의 도움으로 2003년 6월 초 6명의 대표단을 미국에 파견해 분단정전체제와 남북한 사회의 비평화 문제를 정확히 알리고 북핵 문제의 평화적 해결을 위한 로비활동을 벌이기도 했다.

이 시기에 MD를 반대하는 운동도 활발하게 전개되었다. 평화네트워크, 평화와 통일을 여는 사람들, 참여연대 등 40여 개 단체는 'MD 저지와 평화실현 공동대책위원회'를 꾸려 MD와 한반도 평화는 양립할 수 없다는 점을 국내외에 널리 알렸다. 이러한 활동에 힘입어 한국은 미국 주도의 MD에 대한 반대여론이 가장 높은 국가 가운데 하나가 되기도 했다. 이러한 반대여론은 미국의 집요한 요구에도 불구하고 한국이 공식적으로 미국 주도의 MD에 참여하는 결정을 내리지 못하게 하였다.

2000년대 들어 한국의 평화운동단체들이 핵확산금지조약

● 강정 평화대행진

(NPT) 회의의 유용성에 눈을 뜬 것도 큰 성과였다. NPT는 5년마다 재검토 회의를 하고 그 사이에 3~4차례 정도 준비회의를 하는 대표적인 국제기구이다. 이 회의에는 188개 회원국 대표뿐만 아니라 전 세계 평화단체들 및 전문가들이 대거 참여하고 있다. 이에 따라 국내 평화단체들도 미국, 일본, 유럽 등 외국 단체들과 연대해 NPT 회의에 적극 결합하고 있다. 한반도 비핵화와 평화체제, 동북아 비핵지대 창설 등이 한국 평화단체들이 제기하는 핵심적인 이슈들이다. 행사장에서는 유인물 배포, 워크숍 조직, 각국 외교관을 상대로 한 로비활동 등이 다채롭게 펼쳐져 왔다.

양심에 따른 병역거부 및 대체복무 도입운동도 2000년대 들어 본격화됐다. 이전까지 이 사안은 교리에 따라 집총을 거부한 '여호와의증인' 신도들에게만 국한된 일이었다. 여호와의증인에 소속된 젊은 남성들 수백 명이 매년 감옥으로 가고 있었지만, 우리 사회에서 철저하게 외면당하고 있었다. 그러다가 2001년 불교 신자인 오태양이 병역거부를 선언하면서 이 문제는 한국 사회의 주요 화두로 등장했다. 병역거부에 대한 찬반 논란이 거세게 이는 가운데 다른 종교 신자들 사이에서도 병역을 거부하는 사람들이 늘어났고, 비종교인 가운데에서도 평화적 신념을 내세우면서 이 행렬에 동참하는 청년들이 생겨났다.

그러자 많은 단체들과 인사들은 대책기구를 만들어 본격적인 입법 청원운동에 나섰다. 현행 병역법을 개정해 양심에 따른 병역거부를 인정하고 대체 복무제를 도입해야 한다는 것이 골자였다. 이러한 운동에 힘입어 노무현 정부는 2007년에 대체 복무제도를 도입할 방침을 밝혔다. 하지만 뒤이어 집권한 이명박 정부는 이를 없었던 일로 하고 말았다. 이로 인해 여전히 1천 명 안팎의 젊은이들이 다른 방식으로 사회에 봉사할 수 있는 기회를 박탈당한 채 교도소에 수감되어 있다. 그 결과, 유엔 등 국제기구는 한국의 병역거부 불인정을 대표적인 인권 침해 사례로 거론하고 있다.

최근 한국의 평화운동에서 가장 특기할 만한 사례는 제주해군기지 반대운동이다. 반대운동은 노무현 정부가 해군기지 건설을 검토한 2005년부터 본격적으로 시작됐다. 제주도 현지 단체들뿐만 아니라 전국의 많은 단체들이 이 운동에 결합했다. 그 결과, 제주도 화순에 해군기지 건설을 추진했던 계획이 백지화되었고, 정부는 제주도를 '평화의 섬'으로 지정하기도 했다. 그러나 문제는 이때부터 오히려 악화되었다. 2006년에 해군측이 주민들의 동의도 제대로 받지 않고 강정마을을 기지 후보지로 결정해 버린 것이다. 물론 해군측은 해군기지라고 말하지 않고 '민군 복합

항'이라 부르며 군사기지로서의 성격을 약화시키려 하였다.

그러자 강정마을 주민들을 중심으로 해군기지 반대운동이 거세게 일어났다. 강정마을회, 제주도대책위, 전국대책위, 국제팀 등이 유기적인 활동을 벌여 2011년부터는 전국적인 이슈로 부상했다. 강정마을에는 전국 각지에서 자발적으로 모여든 자원 활동가들과 종교인들이 현지 주민들과 함께 기지건설 반대운동의 중심에 섰다. 심지어 대만, 미국, 일본 등 외국에서 온 평화활동가들도 있었다. 이들은 해군기지 공사장 정문에서 비폭력 저항에 나서는 한편, '즐겁게 운동하자'는 취지로 기발하고도 발랄한 운동 방식을 선보였다. 싸이의 강남스타일을 패러디한 '강정스타일'은 수십만 건의 인터넷 조회수를 기록하기도 했다. 하지만 2012년 총선과 대선에서 새누리당이 승리하고, 박근혜 정부가 해군기지 건설을 강행하면서 소기의 목적을 달성하는 데에는 실패하고 말았다.

2014년은 군인권 운동의 꽃을 피운 시기라고 할 법하다. 22사단에서 발생한 임모 병장의 총기 난사 사건과 28사단 윤모 일병 구타 사망 사건이 발생하면서 온 국민은 충격에 빠졌다. 이뿐만이 아니다. 군대 내 가혹 행위를 못 이겨 자살한 군인들도 잇따랐고 남녀를 가리지 않고 성범죄가 발생하면서 군대 내 참혹한 인권 탄압 현실이 적나라하게 드러났다. 그러나 군 수뇌부는 군의 특수성을 앞세워 은폐·축소에 급급한 모습을 보였다. 이러한 상황에서 시민단체인 군인권센터는 자체 조사를 벌여 군대 내 참혹한 인권 실태를 폭로했다. 그 결과, 정부는 민관군 합동 병영문화개선위원회를 발족시켜 군인권 향상을 위한 제도적 장치 마련에 나섰다. 인권의 사각지대였던 군대가 시민단체의 능동적인 개입을 통해 조금이나마 인권 향상의 토대가 갖춰진 것이다. 그렇지만 군 인권 개선운동은 누적된 인권침해 실태와 군 당국의 소극적 태도, 그리고 사회와 떨어져 있는 군대의 여건 등을 고려할 때 이제 시작이다.

한편 평화운동의 한축을 담당해온 여성평화운동은 꾸준히 발전해오고 있다. 특히 2015년에는 휴전선을 가로질러 북에서 남을 넘은 '국제여성평화걷기'(Women Cross DMZ, WCD)는 국제적인 주목을 받은 평화운동이었다. 세계적인 여성인권운동가인 글로리아 스타이넘과 노벨평화상 수상자들을 비롯해 12개국 여성 지도자들과 해외동포 여성평화운동가 등 30여 명이 '평화와 군축을 위한 세계 여성의 날'인 5월 24일 판문점 북측 지역을 거쳐 남측 임진각까지 역사적인 첫발을 내딛은 것이다. 국제 여성 평화운동가들은 비무장지대(DMZ)를 도보로 건너면서 한반도 정전협정을 평화협정으로 교체하자는 '평화'의 메시지를 세계에 전했다. 하지만 국내 보수 단체들은 이러한 활동을 '친북'으로 규정하면서 규탄 집회를 열기도 했다. WCD 조직위원회는 이에 굴하지 않고 매년 DMZ를 가로질러 남북을 오가면서 한반도 평화정착에 기여하겠다는 포부를 밝히고 있다. 평화를 만드는 여성회와 YWCA를 비롯한 국내 여성단체들도 여기에 적극 참여하고 있다. 여성운동은 또 한국전쟁과 이후 군경에 의한 양민학살과 일제에 의한 '종군위안부' 관련 여성들의 피해를 기록하고 그들의 존엄 회복을 위한 활동도 적극적으로 전개하고 있다. 이와 같이 한국의 평화운동은 다양한 계층과 영역에서 한국사회 안팎의 비평화적 문제들에 적극 대응하며 평화를 만들어 가는 데 헌신하고 있다.

3. 한국 평화운동의 특징과 과제

위에서 언급한 것처럼, 한국의 조직적이고 독립적인 평화운동은 1990년대 이후로 비교적 뒤늦게 시작하였다. 이에 따라 '왜 한국의 평화운동은 늦게 시작되었는가?'라는 의문을 가질 수 있다. 이 의문을 푸는 것은 연구 차원은 물론이고 평화운동의 지속적인 발전을 위해서도 반드시 필요한 일이다. 전반적으로 볼 때 민주화, 노동, 환경, 인권, 여성, 복지 등 다른 분야 사회운동의 역사는 꽤 길다. 이에 반해 반전 · 반핵 · 군축 등을 주제로 삼는 평화운동의 역사는 짧다. 2000년대 들어 평화운동이 활성화되었지만 시간이 지나면서 전반적으로 퇴조하고 있는 현상마저 보이고 있다.

이는 한국이 직면해 온 평화의 위기와 한국사회의 역동성을 고려할 때 선뜻 이해하기 힘든 특징이다. 한국은 일제의 야만적인 식민지배를 겪었고, 핵무기에 의한 피폭 피해도 일본에 이어 세계 2위다. 히로시마와 나가사키에 투하된 두 발의 핵폭탄으로 강제징용된 조선인 7만 명이 피폭을 당하고 4만 명이 즉사한 것이다. 이후에도 한국은 20세기 최악의 전쟁 가운데 하나인 한국전쟁을 겪었고, 이 전쟁은 아직도 법적, 기술적으로 끝나지 않은 상태이다. 또한 외국의 전문가들은 한국을 핵전쟁이 벌어질 수 있는 가장 위험한 지역 가운데 하나로 꼽고 있다. 남북한의 군비경쟁도 갈수록 격화되고 있고, 크고 작은 무력충돌도 빈번하게 발생하고 있다. 종속적인 한미동맹의 문제점은 거의 개선되지 않고 있는 상황에서 최근에는 한미일 삼각동맹이 태동할 움직임마저 보이고 있다. 평화주의 문화와 대비되는 군사주의 문화도 사회 전반에 만연해 있다. 그러한 문제점에도 불구하고 한국의 평화운동은 왜 늦게 시작되었고 또한 부진한 것일까? 그 배경과 이유를 잠시 생각해 보고자 한다.

먼저, 민주화가 통일 · 외교 · 국방 분야로까지 제대로 확산되지 못했기 때문이다. 평화는 정책적으로 통일 · 외교 · 국방 정책과 긴밀한 친화성을 갖고 있다. 그런데 이들 분야는 이른바 '고위정치'(high politics)라는 표현이 잘 말해 주듯 전문성과 기밀유지를 이유로 그동안 국가와 일부 전문가가 독점해 온 영역이다. 전쟁과 평화에 대한 해석, 위협에 대한 해석의 독점권을 정부가 갖고 있는 상태에서, 이에 대한 재해석이나 비판은 곧바로 '반(反)

정부'라는 꼬리표를 달 수 밖에 없었다. 게다가 한국에서는 '반정부=친북'이라는 레드 컴플렉스와 이를 정권안보에 활용해 온 권위주의 정권하에서 평화운동은 숨조차 쉬기 힘들었던 것이다. 평화운동 및 이와 친화성을 갖고 있는 통일운동이 민주화 이후에 본격적으로 등장했다는 것은 이러한 점에서 시사하는 바가 크다.

그러나 이러한 설명으로도 풀리지 않는 의문이 있다. 노동, 민주화 등 다른 분야의 운동 역시 독재정권으로부터 탄압을 받았으나, 이들 운동은 억압을 뚫고 노동자의 권리 증진 및 민주화 등 많은 성과를 쟁취해 냈기 때문이다. 즉 "정권의 억압 때문에 평화운동의 등장이 늦었다."는 설명으로는 만족할 만한 답을 얻을 수 없다는 것이다. 평화운동의 늦은 탄생과 저성장 상태를 분석하기 위해 다른 요인들을 검토할 필요가 있다.

두 번째 이유로 사회 전반적으로 독립된 가치로서의 '평화'에 대한 깨달음이 늦었다는 점을 들 수 있다. 독재정권 때는 물론이고 민주화 이후에도 오랫동안 정권 및 사회의 주류 담론에서 평화는 안보와 동일시되었다. 평화가 안보와 동일시되는 상황에서 안보의 주체는 국가라는 인식이 팽배했고, 국가 고유의 영역으로서의 안보 문제에 시민사회가 개입할 여지는 별로 없었다. 또한 사회운동 차원에서 평화가 독립된 가치이자 영역으로서의 자리잡지 못하고 통일운동이나 반미운동에 포섭되는 현상도 그런 맥락에서 이해할 수 있다.

물론 이러한 지적이 통일, 반미운동 때문에 평화운동이 뒤늦게 성장했다는 결론으로 이어지는 것은 아니다. 기본적으로 '보편성'을 중심으로 한 평화운동과 '특수성'을 중심으로 한 통일운동은 동일한 운동 분야가 아니기 때문이다. 그러나 한반도의 현실에서 이 둘 사이에 상당한 친화성이 있음에도 불구하고, 통일운동이 통일의 가장 기본적인 조건이자, 또한 통일을 달성해야 할 가장 핵심적인 가치인 '평화'에 크게 주목하지 못한 것 또한 사실이다. 이러한 한계는 2000년대 들어 자생적인 평화운동단체들이 생겨나고 기존의 통일운동단체들이 평화 문제에 적극적으로 나서면서 조금은 완화되었다. 그러나 북한의 핵 문제 및 인권 문제, 북한의 비민주성과 3대 세습 등을 둘러싸고 통일운동과 평화운동 사이의 이견과 긴장은 여전히 존재한다.

셋째, 운동 대상을 설정하는 데 발생하는 어려움이 있다. 즉, "누가 평화를 위협하고, 누구를 상대로 운동을 해야 하는가."에 대한 사회적 합의를 이루기가 대단히 어렵다. 이는 과거는 물론 현재와 미래에도 가장 어려운 문제 가운데 하나가 될 수밖에 없다. 정세와 정권에 따라, 때로는 미국이, 때로는 북한이, 때로는 남한 정부가 평화를 위협하는 상황에서 '평화 위협 세력'에 대해 사회적으로는 물론이고 운동 진영 내부에서도 합의를 이끌어 내기란 상당히 어려운 문제다. 가령 1980년대 반미, 통일운동 진영의 핵심 슬로건이었던 '반핵'이 1990년대 상반기 북한 핵개발 의혹과 맞물려 불거진 한반도 핵위기 상황에서는 설 자리를 찾지 못했다. 또한 2000년대 중반 한반도 위기와 관련해서도 일부 진보진영의 '반전=반미', 수구진영의 '반핵=반북'이라는 '이상한 등식'이 나타나기도 했다.

넷째, 평화교육의 부족, 군사주의 문화의 팽배, 보수적 언론 풍토, 지식인 사회의 보수성 등 우리 사회에 팽배해 있는 문화적 폭력도 평화운동 저성장의 큰 원인이다. 평화운동이 자라날 수 있는 지적, 문화적, 사회적 풍토가 대단히 척박하다는 것이다. 우리는 어린 시절부터 평화교육보다는 직간접적으로 군대문화에 노출되는 경우가 많다. 군대문화 역시 사회 전반적으로 만연되어 있다. 이러다 보니 평화운동을 '안보를 무시한 철없는 활동'이라거나 순진한 활동으로 치부하는 경향이 강하다. 평화단체의 활동을 언론이 보도하는 경우도 그리 많지 않다. 이에 더해 지식인 사회의 보수성과 전문성의 부족도 문제다. 앞서 설명한 것처럼, 평화를 정책적으로 풀면 통일 · 외교 · 국방 분야와 직결될 수밖에 없고 이는 평화운동을 제대로 전개하려면 상당한 전문성이 필요하다는 것을 의미한다. 그러나 연구자들과 전문가들의 성향은 압도적으로 극우 · 보수 쪽으로 기울어져 있고 각론 차원에서의 중요한 연구 성과 역시 많이 부족한 상황이다.

다섯째, 평화운동의 핵심 주체인 활동가를 양성할 수 있는 '사회적 기반'의 부족도 커다란 요인이라고 할 수 있다. 여기서 '사회적 기반'이란 평화활동가 충원 및 양성 구조를 의미하는 것으로서 이와 관련된 교육, 재정, 구성원 등을 포함하는 개념이다. 그런데 국내 대학에는 평화학과나 관련 학과가 거의 없거나 존재해도 평화활동가를 제대로 배출하지 못하고 있다. 평화단체와 활동가를 지원하는 재단도 턱없이 부족하다. 군인이나 외교관 출신 인사들 가운데 평화활동가가 된 사람을 찾아보는 것도 어렵다. 이러한 현상은 선진국들의 평화운동 환경에 비교할 때 한국의 평화운동 기반이 얼마나 취약한 지를 여실히 보여 준다. 또한 통일, 민주화, 노동 분야의 경우에는 대학 운동권을 통해 활동가들이 충원되어 온 경우가 많았지만, 평화운동은 대학 운동권의 사회적 진출에서도 오랜 시간 동안 예외였다는 점 역시 중요한 요인이라고 할 수 있다.

2000년대 들어서는 이러한 환경에 변화의 조짐이 나타나기도 했다. 학생회나 소모임 형태로 대학가에서도 반전평화운동이 싹텄고, 대학 활동가들 가운데 일부가 평화관련 단체에서 자원활동가, 인턴, 상근자 등으로 활동하면서 미래의 평화활동가로서의 기초를 다지기도 한다. 하지만 시간이 흐르면서 엇박자도 커졌다. 평화단체들은 새로운 활동가를 충원할 정도의 재정적 기반과 비전을 마련하지 못하는 경우가 많고, 청년 세대들의 평화에 대한 관심도 많이 줄어들고 있다.

이러한 한계를 딛고 평화운동이 성장하기 위해서는 다양한 차원의 노력이 필요하다. 우선, 평화운동단체의 재정적, 인적 어려움에 대한 사회적 관심과 지원이다. 평화단체가 평화운동의 가장 기본적인 단위라고 할 때, 인적, 물적 차원에서 최소한의 안정적인 기반을 갖는 것은 지속가능한 평화운동의 가장 기본적인 조건이라고 할 수 있다. 이러한 문제를 해소하기 위해서는 평화운동의 필요성에 동감하는 사람들부터 '1인 1평화단체에 가입'하고 이를 주변 사람들에게 권고하는 노력이 필요하다. 또한 평화단체 활동가들이 평화운동을 하면서도 전문성을 확보하고 개인적인 전망을 키워 나갈 수 있도록 재단, 연구소, 대학 등과 연계된 교육 및 재충전 프로그램도 마련할 필요가 있다.

시민단체 스스로도 많은 노력을 경주해야 한다. 먼저, 단체마다 정체성과 장점을 적극적으로 살릴 수 있는 '전문화된 자기사업'을 갖는 일이 중요하다. 예를 들어 다른 분야에서 권력 및 예산 감시의 노하우를 축적해 온 단체는 그 연장선상에서 통일·외교·국방 정책 감시운동으로 활동 영역을 넓힐 수 있을 것이다. 교육단체는 평화·통일교육의 구체적인 방법론 및 교재 개발을 주도할 수 있을 것이고, 문화단체는 평화감수성 개발 및 평화문화의 사회적 확산에 주력하는 활동을 전개하는 것이 적합할 것이다. 환경단체들도 반핵운동의 범위를 원전 반대뿐만 아니라 핵무기 반대로까지 확대할 수 있을 것이다. 이 밖에도 청소년 및 학부모 단체는 학교와 가정에서 평화의 일상화를 실천할 수 있는 프로그램의 개발을, 언론단체는 평화 문제에 대한 언론 모니터링을, 변호사단체는 평화와 관련된 법과 기구를 활용하는 연구와 운동을 해 나가는 것 등을 생각해 볼 수 있을 것이다. 물론 최근 들어 많은 단체들이 이러한 시도들을 하고 있지만, 여전히 부족한 것 또한 사실이다.

다른 나라와 지역도 마찬가지겠지만, 분단된 한반도에서 평화운동은 긴 호흡을 갖고 접근할 수밖에 없다. 이를 위해서는 운동단체와 활동가의 발전적인 재생산이 필수적이다. 이에 따라 청소년과 2030세대와의 접촉과 공감과 소통을 위한 자기혁신이 운동단체의 가장 큰 과제가 되고 있다. 특히 평화통일운동은 가장 세대교체가 더딘 부문 가운데 하나다. 운동 주체도 그렇고 객체도 그렇다. 강연장이나 행사장을 가 보면 대다수 청중들은 장노년층이 대부분이고 정작 평화와 통일 세대라는 청소년과 20대는 찾아보기 어렵다. 장노년층이 발언권을 독점하는 것도 어렵지 않게 볼 수 있다.

이러한 한계를 극복하기 위해서는 운동 진영 내부에서부터 젊은 활동가들이 보다 능동적인 운동의 주체로 나설 수 있는 환경을 조성해 나가야 한다. 청년 활동가들에게 보다 많은 집필과 발표의 기회를 줘야 하고, 청년 활동가들은 이를 위한 자기 노력에 보다 매진해야 한다. 또한 젊은 세대들이 보다 공감하고 참여할 수 있는 의제와 방식에 대한 고민도 필요하다. 군대와 일자리 문제를 평화와 통일의 관점에서 녹여 내서 공감과 소통의 폭을 넓히는 것도 하나의 방식이 될 수 있을 것이다. 또한 SNS를 비롯한 정보통신 기술의 확산과 팟캐스트 등 새로운 미디어를 보다 적극적으로 활용하려는 자세도 필요하다.

평화는 가만히 기다리면 오는 것이 아니라 치열하게 노력해서 쟁취해야 할 가치이다. 그래서 평화는 고요한 말이 아니라 시끌

벽적한 실천이 되어야 한다. '전쟁은 안 된다.'는 단호한 의지와 '평화를 원한다.'는 유쾌한 실천으로 똘똘 뭉친 시민의 목소리가 커질수록 전쟁은 멀어지고 평화는 가까워진다. 이것이 바로 평화운동의 존재 이유다.

제3장

한국평화학과 평화운동의 동행

평화학과 평화운동은 서로 도우면서 평화라는 공동의 목표를 지향한다. 평화운동의 여러 경험은 평화학을 풍성하게 하고, 평화학의 성과는 평화운동에게 튼튼한 기반을 제공한다. 이건 한국에서도 마찬가지다. 한국에서 평화연구가 본격적으로 눈을 뜨게 된 계기는 이라크전쟁 및 한국군 파병 반대운동이다. 또 평화를 연구하는 사람들 중에는 제주해군기지 반대운동, 밀양 고압송전탑건설 반대운동에 주목하는 사람들도 생겨나고 있다. 평화운동이 평화학의 대상이 되는 셈이다.

많은 한국 사람들은 소극적 평화, 즉 전쟁의 부재를 평화라고 인식해 왔다. 하지만 평화학은 적극적 평화, 문화적 평화, 시민평화 등 다양한 평화 개념과 이론을 소개하면서 평화를 바라보는 우리 사회의 인식 지평을 넓혀 왔다. 이는 넓은 의미의 평화운동과 다른 분야와의 연대를 가능케 하는 중요한 지적 토대이다.

하지만 우리가 처한 현실은 평화 연구자와 활동가, 그리고 이들과 연대하고 소통하는 많은 사람들에게 더욱 분발할 것을 촉구하고 있다. 기실 우리가 살고 있는 한반도는 상상할 수 있는 거의 모든 형태의 폭력과 분쟁이 발생할 수 있는 지역이다. 북한이 심어 놓은 것으로 추정되는 지뢰를 밟고 다리가 잘린 병사도 있고, 남한이나 미군이 매설한 지뢰를 밟고 다리를 잃는 사람도 있다. 서해에서는 잊을 만하면 남북한 사이에 무력충돌이 발생하고, 민간 어선을 향해 경고사격을 해서 외교적인 문제가 발생하기도 한다. 휴전선 일대에서 벌어진 총격전이 누구의 소행인지 아리송한 경우도 있고, 남한에서 발생한 해킹 사건은 '북한의 소행'이라는 결론으로 쉽게 이어지곤 한다. 대북 삐라가 살포될 때마다 접경지의 주민들은 공포에 떨고, 2016년 1월 북한의 4차 핵실험 이후 조성된 군사적 긴장은 한반도 모든 거주민들의 안전을 위협하고 있다. 오늘날 한반도는 미국 핵무기와 북한 핵무기가 공포를 확대재생산하는 핵 분단정전체제로 진입하고 있다.

이렇듯 소극적 평화마저 위태로운 상태에서 남북한 내부에서는 구조적, 문화적 폭력도 만연해지고 있다. 북한은 이미 세계 최악의 인권 탄압 국가라는 오명을 들은 지 오래되었다. 민주주의와 인권 선진국이라던 한국에서도 '헬조선', '금수저와 흙수저'라는 말이 유행할 정도로 일상의 평화를 잃거나 생존의 위기에 처하거나 탄압당하는 사람들이 많아지고 있다. 나라 밖으로 시선을 돌려도 세상은 그리 평화롭지 못하다. 강대국들 간의 패권 경쟁이 격화되면서 신냉전이라는 말이 지구촌을 배회하고 있다. 테러와 보복이 악순환을 이루면서 피울음이 전파를 타고 전해지고 있다.

이렇듯 평화주의자들은 녹록치 않은 현실과 대면하고 있다. 해결되는 문제는 거의 없고, 기존의 문제는 더 악화되고 있으며, 새로운 문제들이 생겨나고 있다. 평화연구자와 평화운동가의 역량과 영향력은 제한되어 있는 반면에, 감당해야 할 문제는 늘어나고 있다. 평화학과 평화운동의 역할, 그리고 둘 사이의 협력 방향은 이러한 냉정한 현실을 직시하는 데서 출발할 수밖에 없다.

먼저 만남과 소통이 중요하다. 연대는 평화학의 주된 연구 대상이자 평화운동의 핵심적인 실천 방식이다. 하지만 평화학이 현실 문제와 동떨어진 채 상아탑 안으로 축소되는 경향이 나타나는 경우도 있다. 평화운동 역시 현실의 문제에 매달리다가 평화의 개념과 이론, 그리고 문화에 둔감해지거나 소홀해질 수 있다. 이렇게 되면 평화학은 평화운동의 흐름을, 평화운동은 평화학의 성과를 놓치게 된다. 이러한 상황을 극복하기 위해서는 평화 연구자와 활동가들이 자주 만나서 소통해야 한다. 개별적인 만남에서부터 집단적 대화에 이르기까지 다양한 방식이 가능할 것이다.

이러한 사람간의 교류는 역할의 분담과 협력의 확대로 나아갈 필요가 있다. 바로 전문성과 현장성의 공유와 교환이다. 가령 평화연구자가 평화운동을 연구주제로 삼아 평화단체에 참여해 실천 활동에 관여할 수 있고, 평화활동가들이 평화연구기관에서 전문성을 쌓을 수 있는 기회도 가질 수 있어야 한다. 그런데 한국 현실에서 개인이 이러한 결정을 내리기란 쉽지 않다. 대다수 평화단체들과 평화활동가들은 과도한 업무와 경제적인 어려움에 처해 있어 추가적인 학업의 기회를 갖기 어렵다. 평화연구기관에 소속된 연구자의 사정 역시 크게 다르지 않다. 이에 따라 대학이나 재단 차원에서 이러한 교류 활동을 적극 장려하고 지원하는 제도 마련이 필요하다.

연구와 활동의 공유와 교류도 중요하다. 평화학의 연구 성과가 평화운동에 잘 반영되지 않고, 평화운동의 사례가 평화학의 연구 대상으로 잘 활용되지 않고 있는 현실은 한국 평화 진영의 가장 큰 문제 가운데 하나다. 특히 평화연구 진영에서 이론과 거대담론 연구에서는 여러 가지 성과를 내고 있지만, 평화운동에 관한 사례연구의 성과는 미진하다. 반대로 평화운동은 구체적인 사안들을 다루는 게 활동의 대부분이고 거대담론이나 이론적 사유가 부족하다. 이러한 문제를 함께 해결하는 것이야말로 평화학과 평화운동이 협력할 당면 과제이다.

이상 세 가지, 즉 사람간의 교류, 전문성과 현장성의 공유와 교환, 분야와 주제의 공유 및 교류는 서로 분리된 것이 아니다. 이들 세 가지가 선순환적으로 발전할 수 있을 때 평화학과 평화운동은 아름다운 동행을 이어 갈 수 있을 것이다.

한반도발 세계 평화를 꿈꾸며

외세에 의해 분단되고 동족상잔의 전쟁을 치른 후 코리안은 분단정전체제 아래서 살아왔다. 70년이 흐르는 동안 수많은 사람들이 죽었고 사람들끼리 미워하고 의심하면서 삶을 이어 왔다. 전쟁을 겪은 할아버지 · 할머니 세대는 물론 독재와 가난을 겪은 아버지 · 어머니 세대에 이어 불확실한 미래를 개척해 가야 할 오늘날 청년세대에게도 장기 분단과 적대의 멍에는 가시지 않고 있다. 최근 들어서 두 분단권력은 냉전의 한복판으로 되돌아간 것 같은 긴장을 연출하고 있다.

분단에 관여한 후 분단을 지속시키고 있는 두 분단 권력은 통일이 민족의 하나됨이라는 민족주의 정서를 불어넣어 왔다. 그리고 그 위에 통일을 자기 정치체제에 의해 실현해 선진통일국가를 완성하자는 국가주의 담론을 덧칠한다. 이런 식의 위로부터의 지배적 통일 담론은 분단에 대한 이해와 통일의 필요성을 민족, 국가, 권력의 틀에 가두고 분단의 의미, 통일의 주체와 목표를 진취적으로 사고하는 걸 억제한다. 분단이 외세에 의해 이루어진 것이 사실이지만 그것이 전부인가. 분단이 이렇게 오래되고 있는 이유도 외세 때문만인가. 통일을 민족 재결합, 민족동질성 회복으로 보는 게 틀린 것은 아니지만 그것이 통일하려는 궁극적인 이유인가. 통일해서 강대국, 선진국이 되는 게 나의 삶과 무슨 관련이 있단 말인가.

통일에 앞서 평화를 강조하는 주장도 만만치 않다. 지정학적 특성으로 한반도는 강대국의 틈바구니에 위치하고 있다. 오늘날 동북아시아는 세계 최대의 군비경쟁이 일어나고 있는 지역이다. 그런 가운데 한반도는 대륙세력과 해양세력 간의 경쟁이 두드러지는 곳이기에 통일에 앞서 평화를 정착시키는 일이 우선이 아닐까. 그렇다면 통일은 불가능한가. 한반도에서 통일 없이 지속가능하고 안정적인 평화가 가능할까.

이상과 같은 문제의식은 분단정전체제가 갈라진 한 민족 차원의 문제만이 아니라 세계 보편적인 의의를 가지고 있음을 말해준다. 또 한반도 통일과 평화는 관련국들의 지지와 협력 속에 추진할 지전략적(geostrategic)인 의미를 뛰어넘는다. 왜냐하면 분단극복으로서의 통일, 분단정전체제의 대안으로서의 평화체제 수

립은 그 의의와 효과에 있어서 인류 평화와 직결되기 때문이다. 분단이란 한 민족의 존재와 생활권을 두 동강낸 것에 그치지 않고 그 구성원들의 존엄과 인간다운 삶, 지속가능한 발전, 평화로운 공동체를 근본적으로 부정하고 파괴한 반인도적, 반인권적인 거대 폭력이다. 분단폭력은 북한과 휴전선은 물론 민주화되었다는 남한에서도 오늘날까지 횡행하고 있다. 평화주의 시각에서 볼 때 분단은 물리적 폭력이자 구조적, 문화적 폭력의 총체다. 통일을 민족주의, 국가주의 담론으로 파악하는 것은 시대착오적일 뿐 아니라 한반도발 세계 평화구축과 거리가 멀다. 분단 극복으로서의 통일은 한반도발 평화의 출발로서 그 의미를 갖는다. 통일평화론이 여기서 나온다.

통일평화론에서 통일은 민족적 차원을 넘는다. 또 통일은 평화와 함께 나아가되 평화를 돕는다. 한반도 통일은 민족 재결합은 물론 평화정착, 잠재적인 남북 간 지역 차별을 포함한 각종 차별 철폐, 자연과 공존하는 지속가능한 삶을 추구한다. 통일 한반도는 또 하나의 강대국의 출현이 아니라 동아시아와 세계 평화의 발신자, 촉진자 역할을 전망한다. 통일평화론은 한반도에서 진정한 평화는 통일을 달성해야 가능하다는 판단, 그렇지만 그 통일 한반도는 민족과 국가를 넘어 평화주의를 지향한다. 통일평화론에서 통일은 평화의 필요조건이고 평화는 소극적 평화와 적극적 평화를 망라한다. 통일이 되기 전에 평화는 소극적 평화의 의미가 강하다. 이때는 통일과 평화가 구분된다. 그러나 통일이 이루어지고 나서부터 평화는 적극적 평화의 의미가 강하다. 이때 통일과 평화는 거의 겹치면서 통일은 평화에 수렴되거나 평화를 담는 그릇에 불과할 것이다. 한반도에서 평화와 통일은 동전의 양면처럼 함께 사고하고 추구해야 할 동시 과제이다. 평화통일도 아니고 통일과 평화도 아닌 통일평화!

평화를 공부하는 사람들과 평화를 위해 헌신하는 사람들은 본질적으로 하나고 현실적으로 연대하지 않으면 안 된다. 평화학자와 평화운동가는 서로를 자극하고 격려하며 평화를 만들어 가는 동반자다. 특히 한국에서 평화연구자와 평화운동가는 통일평화의 도정에서 가슴을 열고 지혜를 모아야 한다. 한반도 분단이 세계 분단과 직결되듯이 한반도 평화는 세계 평화의 일부다. 둘은 하나의 길, 한반도발 세계 평화를 꿈꾼다. 한국의 평화학자와 평화운동가는 다른 지역의 평화에도 관심을 갖고 연대하지만, 한반도의 통일평화 실현에 역사적 소명과 책임을 갖고 있다. 한반도발 평화는 한국의 평화 연구자와 운동가들을 초청하고 있다. 이들의 아름다운 동행을 기원하며 글을 맺는다.

□ 평화학 관련

『영구 평화론』
임마누엘 칸트 지음, 박환덕 · 박열 옮김, 범우사, 2015년
철학자로서의 명성을 획득한 칸트가 영구 평화의 실현을 염두에 두고 심혈을 기울여 집필한 책으로서 평화조약의 형태로 작성되어 있다. 자유주의 평화론의 경전.

『국가는 폭력이다 : 평화와 비폭력에 관한 성찰』
레프 톨스토이 지음, 조윤정 옮김, 달팽이, 2008년
대문호 톨스토이의 평화사상을 담은 7편의 에세이를 모은 책. 그의 비폭력 평화주의는 모든 권력기구와 각종 정치이념에 대한 비판을 거쳐 무정부주의로 귀결된다.

『머튼의 평화론』
토마스 머튼 지음, 조효제 옮김, 분도출판사, 2006년
가톨릭 영성가 토마스 머튼의 전쟁과 평화에 관한 예언적 유고집으로 교권에 의해 생전에 출간이 금지됐다. 존 디어는 "머튼의 선견지명은 전쟁문화에 물들어 있는 우리의 정신을 흔들어 깨운다."고 격찬했다.

『평화는 어떻게 만들어지는가 : 지속가능한 평화구축을 위하여』
존 폴 레더라크 지음, 김동진 옮김, 후마니타스, 2012년
1994년 유엔대학교의 '갈등과 거버넌스' 학술 시리즈의 일환으로 출간되어 수차례 개정판을 내 온 대표적인 평화 교과서. 평화구축의 이론과 사례가 필자의 경험과 잘 어우러져 있다.

『평화를 향한 열정』

스튜어트 리즈 지음, 김동진 옮김, 삼인, 2011년

평화학자들의 이론과 평화운동가들의 경험을 망라해, 정의를 동반한 평화란 무엇인지, 그것을 어떻게 성취할 수 있는지를 제시해 준다.

『21세기 평화학』

한국평화학회 엮음, 풀빛, 2002년

17명의 국내외 전문가들이 평화 사상과 이론, 세계화 시대 평화, 동아시아와 한반도의 평화 등 동서고금을 망라하며 평화에 관한 포괄적 이해를 돕는 책.

『인간안보』

타지박시 · 체노이 지음, 박균열 · 조홍제 · 김진만 옮김, 철학과현실사, 2010년

전통적인 국가안보론을 넘어 인간의 존엄과 생존에 주목하는 인간 안보의 이론과 정책을 포괄적으로 다루고 있는 개론서. 전통적 안보론이 평화론과 접맥하는 지점과 그 가능성을 발견할 수 있다.

『군사주의는 어떻게 패션이 되었을까 : 지구화 · 군사주의 · 젠더』

신시아 인로 지음, 김엘리 · 오미영 옮김, 바다출판사, 2015년

걸출한 페미니스트 국제정치학자인 저자가 아기 양말, 운동화와 같이 일상 속에 침투한 군사주의와 성차별주의가 자본과 권력을 지탱하는 현실을 고발하고 탈군사화의 길을 제시한다.

『공공갈등해결 : 정부 기업 시민단체를 위한 실전가이드』

수잔 L. 카펜터 · W. J. D. 케네디 지음, 정주진 옮김, 아르케, 2010년

일상적으로 공공정책을 다루는 정부, 기업, 시민단체의 실무자들이 공공갈등을 해결하는 데 필요한 지식과 실무 지침을 풍부한 경험을 통해 설명하고 있다.

『평화인문학이란 무엇인가』

서울대학교 평화인문학연구단 지음, 아카넷, 2013년

인문학과 사회과학 전공자들이 협업해 평화학에 대한 다양한 이해의 창을 열어 주는 동시에 그런 시각을 한반도에 적용해 새로운 분석과 전망을 제시한다.

『녹색평화란 무엇인가』

박명규 · 김성철 · 이찬수 외, 아카넷, 2013년

다채로운 평화의 길 가운데 생명, 생태, 상생을 키워드로 하는 녹색평화의 사상과 이론을 다양한 시각에서 조명하고 비평화적 현실을 넘어서는 비전을 탐색한다.

『평화권의 이해 : 개념과 역사, 분석과 적용』

이경주 지음, 사회평론, 2014년

평화의 문제를 인권과 법의 시각에서 꾸준히 살펴온 저자가 평화권 담론의 등장 배경과 발전 과정을 국내외를 망라해 조망하고 한반도와 동아시아에 주는 의미와 과제를 제시한다.

『분단폭력』

김병로 · 서보혁 편, 아카넷, 2016년

분단정전체제를 평화학의 시각에서 이론화하고 증명을 시도한 책. 분단폭력과 군사주의를 키워드로 삼아 한반도 비평화 구조를 물리적, 구조적, 문화적 차원 등 다방면으로 검토하고 있다.

『대한민국은 군대다』

권인숙 지음, 청년사, 2005년

여성주의 학자가 군대 문제를 본격적으로 다룬 책으로, 대한민국의 군사화와 군사주의의 내면화를 정의에서부터 배경, 양상들까지 심층면접과 문헌을 통해 분석한 책이다.

『비판적 평화연구와 한반도』
구갑우 지음, 후마니타스, 2007년
비판적 국제정치학의 시각에서 이론, 정책, 운동 등 여러 측면에서 국내의 평화 담론을 비평하고 사회와 남북관계 차원에서 대안적인 평화의 길을 탐구하고 있다.

『안중근과 동양평화론』
안중근의사기념사업회 지음, 채륜, 2010년
한국인 최초로 아시아 평화를 설계한 안중근 의사의 동양평화론을 회고하는 데 그치지 않고 오늘의 의미와 계승 방안을 종합적으로 다루고 있다.

『평화를 보는 눈 : 폭력 없는 세상은 가능할까』
정주진 지음, 개마고원, 2015년
평화를 오늘날 세계의 각 측면들과 연결 지어 설명하는 교양서. 저자는 평화의 개념에서부터 평화를 해치는 문제, 평화를 만드는 방법 등을 설명하며 평화의 울타리를 넓혀 놓는다.

□ 평화운동 관련

『평화만들기 101 : 우리가 꿈꾸는 전쟁 없는 세상』
메이-와인 에슈포드 · 기 도운시 지음, 추미란 옮김, 동녘, 2011년
풀뿌리 평화운동가인 두 저자가 오늘날 세계의 현실 속에서 개인, 여성, 청소년, 활동가, 종교단체, 도시, 국가 등 각자가 할 수 있는 평화 만들기 행동을 구체적으로 제안한다.

『여성, 평화와 인권을 외치다』
박현주 · 신명철 지음, 낮은산, 2007년
슬픈 아일랜드에서의 화해, 과테말라 원주민 인권운동, 반핵운동, 생태보존운동에 나선 여성운동가들의 내면과 열정적인 활동, 당시 사회의 모습

등을 생생하고 감동적으로 그리며 여성 평화운동가들의 열정과 기여를 일깨워 주고 있다.

『에콜로지와 평화의 교차점 : 더글라스 러미스의 평화론』

C. 더글러스 러미스 · 쓰지 신이치 지음, 김경인 옮김, 녹색평론사, 2010년

평화운동가와 환경운동가가 환경과 평화를 주제로 서로의 사상과 경험을 교차시키며 대화 형식으로 잘 풀어내고 있다.

『비폭력 대화 : 일상에서 쓰는 평화의 언어, 삶의 언어』

마셜 B. 로젠버그 지음, 캐서린 한 옮김, 한국NVC센터, 2011년

일상에서의 비폭력 대화를 안내하는 책. 우리가 하는 말이 어떻게 서로의 관계를 돈독하게 하고 신뢰를 구축하고, 아픔을 치유할 수 있는지를 구체적으로 알려 준다.

『저항하는 평화 : 전쟁, 국가, 권력에 저항하는 평화주의자들의 대담』

전쟁없는세상 기획, 엄기호 외 지음, 오월의봄, 2015년

평화 연구자들과 운동가들이 청년, 징병제, 종교, 젠더, 국민국가, 교육, 비폭력운동, 트라우마라는 여덟 가지 주제를 놓고 사례를 소개하며 설득력 있는 대화를 진행한다.

『평화의 바람이 분다』

박성용 지음, 대장간, 2014년

비폭력 평화운동의 한가운데에 있는 저자가 평화, 비폭력, 갈등, 비폭력대화, 회복적 정의 등과 같은 용어들이 어떻게 연관되어 있는지를 그의 영성과 경험에서 이끌어 내고 있다.

『평화의 얼굴 : 총을 들지 않을 자유와 양심의 명령』

김두식 지음, 교양인, 2007년

국가와 개인의 신념이 첨예하게 충돌하는 사안이자, 평화주의를 명확하게 드러내는 양심에 따른 병역거부 문제를 심층 분석하면서 한국 사회의

오늘을 진단하고 있다.

『2010 평화백서』

2010 평화백서 편집위원회 지음, 검둥소, 2010년

평화운동의 시각에서 정부의 통일·외교·안보 정책과 한반도 안팎의 안보 현실을 진단하고 평화운동의 역할을 말한다. 한국 평화운동의 현황과 과제를 한눈에 볼 수 있다.

『멋진 통일운동, 신나는 평화운동』

김창수 지음, 책세상, 2000년

평화통일 운동가이자 정책개발에 힘써 온 저자가 한반도의 통일과 평화 문제를 관련지어 쉽게 풀어낸 개론서.

『한국여성 평화운동사』

심영희·김엘리 저, 한울아카데미, 2005년

대표적인 평화 연구자이자 운동가인 두 저자가 여성운동이 전개한 평화운동을 방대한 자료를 바탕으로 심도 있게 분석하고 있다.

『눈물 속에서 자라난 평화 : 4.3 아픔 딛고 생명평화마을 된 강정 이야기』

강정마을회 저, 단비, 2012년

제주해군기지건설저지운동은 한국 평화운동에 특기할 만한 사례다. 이 책은 한국작가회의 소속 14명의 작가들이 평화주의 시각에서 강정마을 주민들을 인터뷰한 내용을 작가 특유의 문체로 정리하고 있다.

『밀양을 살다 : 밀양이 전하는 열다섯 편의 아리랑』

밀양구술프로젝트 지음, 정택용 사진, 오월의봄, 2014년

작가, 인권운동가, 여성학자 등 다양한 사람들이 밀양 고압송전탑 반대 싸움을 하는 사람들의 살아온 이야기를 담담하면서도 감동적으로 담았다.

『한 잔의 커피, 한 잔의 평화 : 동티모르 사회적기업 피스커피 이야기』

경희대학교 국제개발협력연구센터 엮음, 경희대학교출판문화원, 2015년

한국 YMCA전국연맹과 경희대학교 학생들이 장기 분쟁으로 고통받았던 동티모르의 커피를 매개로 평화 개발사업을 일궈 낸 과정을 서술하고 있다.

『평화와 생명의 땅 DMZ를 가다』

김환기 지음, 플래닛미디어, 2014년

휴전선 최서단 파주 초소부터 최동단 고성 마지막 해안 초소까지 비무장지대(DMZ) 155마일의 어제와 오늘, 분쟁과 평화를 사진과 글로 담은 책이다.

『제주 오키나와 평화기행 : 동백꽃 눈물』

이시우 지음, 말, 2014년

민통선, 북방한계선(NLL), 유엔사령부 등 한반도 평화에 관해 묵직하고 현장감 있는 저작을 출간해 온 저자가 내놓은 새로운 평화기행문. 제주도와 오키나와가 어떻게 세계체계, 미국의 안보전략에 편입되어 서로 영향을 주는지를 입체적으로 밝히고 있다.

『비핵무기지대 : 핵 없는 세계로 가는 길』

우메바야시 히로미치 지음, 김마리아 옮김, 서해문집, 2014년

일본의 원로 평화운동가의 동아시아 반전반핵 구상을 담았다. 핵 보유국가와 비보유국가의 의무를 동시 이행해 동북아 비핵무기지대를 만드는 길을 제시한다.

찾아보기

[ㅈ]

[ㅎ]

[기타]

서울대학교 통일평화연구원 평화교실 02

평화학과 평화운동

등록 1994.7.1 제1-1071
1쇄 발행 2016년 4월 19일

기 획 서울대학교 통일평화연구원 HK평화인문학연구단
지은이 서보혁, 정욱식
펴낸이 박길수
편집인 소경희
편 집 조영준
관 리 위현정
디자인 이주향
펴낸곳 도서출판 모시는사람들
03147 서울시 종로구 삼일대로 457(경운동 88번지) 수운회관 1207호
전 화 02-735-7173, 02-737-7173 / 팩스 02-730-7173

인 쇄 상지사P&B(031-955-3636)
배 본 문화유통북스(031-937-6100)
홈페이지 http://modl.tistory.com/

값은 뒤표지에 있습니다.
ISBN 979-11-86502-46-4 94300
SET 979-11-86502-45-7 94300

이 도서의 국립중앙도서관 출판예정도서목록(CIP)은 서지정보유통지원시스템 홈페이지(http://seoji.nl.go.kr)와 국가자료공동목록시스템(http://www.nl.go.kr/kolisnet)에서 이용하실 수 있습니다.(CIP제어번호: 2016007903)

이 저서는 2010년 정부(교육과학기술부)의 재원으로 한국연구재단의 지원을 받아 수행된 연구임.
(NRF-2010-361-A00017)